에드자르트 샤퍼 / 지음
주도홍 / 옮김

단열살열

초판 1쇄 인쇄	2023년 9월 10일
초판 1쇄 발행	2023년 9월 20일
지은이	에드자르트 샤퍼
옮긴이	주도홍
편집	김기섭
총무	김상군
발행처	단열삼열 2011년 5월 12일 제2011-000082호
발행인	김기섭
주소	경기도 고양시 일산서구 탄중로 518, 101동 1401호 031-965-0001 02-406-3237 010-4181-3056
ISBN	978-89-4261-852-1 03230

값 13,000원

Die Legende vom vierten König
by Edzard Schaper

All rights reserved.

This Korean Translation Copyright © 2022 by Dan & Sam Publishing Co.

License arranged through rMaeng2, Seoul, Republic of Korea.

이 한국어판의 저작권은 알맹2를 통하여 Bibliographisches Institut GmbH과 독점 계약한 단열삼열에 있습니다. 저작권법에 의해 한국 내에서 보호를 받는 저작물이므로 무단 복제와 무단 전제를 금합니다.

네 번째 동방박사 알타반

번역자 : 주도홍

독일 보쿰대학교(Ruhr-Universitaet Bochum)에서 신학 석사 (Mag.theol.)와 신학 박사(Dr.theol.) 학위를 취득했다.
미국 시카고에서 담임 목회를 담당하다가
한국에 돌아와 백석대 교수와 부총장을 역임했다.
현재 총신대 통일대학원 초빙 교수로 있다.
저서로
'새로 쓴 세계 교회사'
'개혁교회 경건주의'
'통일, 그 이후'
'츠빙글리를 읽다' 등이 있으며
역서로
'조나단 에드워즈의 신학'
'모짜르트, 음악과 신앙의 만남'이 있다.

편집자의 말

  성경에 보면, 별을 보고 찾아와 아기 예수께 황금과 유향과 몰약의 예물을 드린 동방박사는 세 사람이었다. 그런데 전승에 따르면, 한 사람이 더 있었다고 한다. 그의 이름은 알타반이다. 물론 전승이다.

  또 다른 전승에 따르면 동방박사 세 사람의 이름은 각각 가스파르, 멜키올, 발타살이다. 아는 사람만 알고 모르는 사람은 모르는 이야기이다.

  그런데 가스파르, 멜키올, 발타살은 목적한 대

로 아기 예수를 만났고, 예물을 바치며 경배를 드렸고, 그리고 무사히 고향으로 돌아갔지만, 불행히도 알타반은 그렇지 못했다. 그는 아기 예수를 만나지 못했고, 고향으로 돌아가지도 못했다. 그는 부랑자가 되어 타향을 떠돌아다니는 신세가 되었다.

아기 예수께 경배를 드리고자 예물을 준비하여 고향을 떠났던 알타반은, 보고 싶었던 대상은 만나 보지도 못한 채 그냥 쫄딱 망해 버리고 말았다. 실패자, 파산자, 집도 가족도 없이 그저 이곳저곳을 떠도는 역마살 낀 한낱 늙은 노숙자. 그것이 말년의 알타반이 가진 정체성이었다.

하지만 만약 그게 끝이었다면 더이상 다른 말을 덧붙일 이유가 없을 것이다. 인생의 역사에서 그런 스토리는 아주 흔한 이야기에 지나지 않는다. 그런데 끝이 아니었다. 뭐, 반전이라 할 것까지는 없으리라. 그의 신세는 조금도 나아진 것이 없었으니까.

다만, 그는, 그가 죽기 전에 아기 예수, 이제는 아기가 아닌 성인 예수를 만난다. 그 자신은 죽을 때가 다 된 노인이고, 예수는 십자가에 못 박혀 숨이 넘어가기 직전의 모습으로 말이다. 그리고 그제야 알게 된다. 예수의 길, 예수를 만난다는 것이 무엇인지, 예수를 따르는 인생의 길이 어떤 것인지 비로소 깨닫게 되었던 것이다.

이 책은 20년 전 쯤에 이미 국내에 소개되었던 작품이다. 처음 이 책을 읽었을 때의 머리털이 쭈뼛 서는 듯했던 감동을 아직도 나는 기억하고 있다. 기독교인이라면 반드시, 비기독교인이라도 교양적으로 알고 있으면 좋을 내용이지만, 절판된 상태여서 아쉬움을 느껴 오던 중에, 아직도 모르고 있는 사람이 많은 것 같아서 이번에 다시 출판을 시도하게 되었다.

크리스마스가 기독교인만의 절기가 아니라 모든 사람의 절기이듯이, 알타반의 이야기도 모든 사람이 함께 공유할 수 있는 주제가 되기를 바라 마지않는 바이다.

인간이라면 누구든지 아기 예수를 만나는 영광의 자리에 있기를 원하겠지만, 진정한 삶의 의미는 아기 예수를 찾아 헤매는 과정에서 우러나오는 것이며, 인생의 마지막 과정에서 십자가 위의 예수님을 만날 수 있다면, 그것이야말로 성공한 인생이라 할 수 있지 않을까 생각해 본다.

2023년 9월

아기 예수가 예언을 따라 베들레헴에서 태어났을 때, 그의 탄생을 알리는 별이 동방의 지혜로운 현자들에게뿐 아니라, 저 멀리 러시아 지역 남쪽 산지의 한 영주에게도 나타났다.

그는 아주 작은 영지를 가지고 있었는데, 또한 신심이 매우 깊고 신실한 사람이기도 했다. 그는 위대하지도 강하지도 특별히 부유하거나 박식하지도 않았으며, 당시 주변에 널리 퍼져 있던 마술 따위에도 심취하지 않은 현명한 사람이었다. 그는 늘 생각이 바르고, 착한 아이 같은 마음을 가졌으며, 친절하고, 온유하고, 사람들과 잘 어울리며, 그들과 기꺼이 농담을 주고받기도 하는, 말 그대로

12

겸손하고 소박한 사람이었다.. 그의 이름은 알타반이었다.

알타반은, 언젠가 하늘에서 한 별이 나타나 온 세상을 다스릴 전능한 왕의 탄생을 알릴 것이라는 사실을, 조상 대대로부터 전해 들어 익히 알고 있었다. 그러므로 그는 존귀하신 그분을 경배하기 위하여 마땅히 자신이 순례의 길을 떠나야 한다고 생각했다. 그것은 말하자면 마치 하나의 약속과도 같은 것이었다. 그의 선조들은 이 약속을 여러 세대를 걸쳐 간직해 왔으며, 후손들에게 잊지 않고 전해 주었던 것이다.

알타반은, 세상에서 가장 중요한 사건을 알리는 그 별이 자신의 시대에 하늘에 나타난 것을 기뻐하며, 고귀한 왕인 아기 예수를 경배하러 가는 여행을 즉시 떠나기로 마음먹었다. 하지만 그는 사실 그 위대한 왕이 어디서 태어날 것인지, 그 이름이 무엇인지, 또 이 여행이 얼마나 오래 계속될 것인지 아직 알지 못하고 있었다.

알타반은 홀로 아기 예수를 경배하러 떠나기로 했다. 그는 자신의 애마(愛馬) 바니카에게 말 안장을 얹었다. 바니카는 힘센 군마가 아니라 아담하고 강인한 작은 토종말에 지나지 않았다. 이마를 덮고 있는 곱슬곱슬한 털이 풍성한 이 말은 주인이 원하는 길을 겨우 알아차릴 정도의 훈련밖에 받지 못했지만, 다행히도 강인하고 인내심이 많아서 먼 길을 떠나기에는 그런대로 적합했다.

'아 잠깐!'

알타반은 생각했다.

'경배를 하러 가는데 빈손으로 떠날 수는 없겠지.

14

아기 예수는 그저 높은 여러 왕 중의 하나가 아니라,
가장 존귀하신 바로 그 왕이 아닌가!'

그는 어떤 예물을 가지고 그분을 경배해야 할지, 한참을 곰곰이 생각에 잠겨 있었다. 말의 안장자루에 무엇을 넣어야 옳을지, 어떤 선물이 자신의 분수와 격에 맞을지, 무엇보다도 세상에 오시는 가장 높으신 주님께 합당한 예물이 어떤 것일지 깊이 생각했다.

알타반은 문득, 지혜로운 사람은 여인들의 미덕과 근면함을 따라 세상의 부자들을 평가한다는 생각을 스스로 떠올리기에 이르렀다.

그래서 그는 가장 아름답고 섬세한 아마포 두루마리 몇 개를 가져가기로 했다. 그것은 자신의 영지에 사는 여자들이 그곳에서 자란 아마를 가지고 정성을 다해 짠 것이었다. 또한 그는 사냥꾼들이 겨울에 잡은 동물에서 벗겨내 가공한, 아주 아름답고 부드러운 몇 가지 고급 모피 또한 가져갈 예물에 포함시켰다.

알타반은 또 생각했다.

'이 지혜로우신 아기 예수는 말할 것도 없고, 모든 사람들이 알게 될 거야.
우리들이 추운 겨울에도 빈둥거리며 게으름을 피우지 않는다는 것을.
비록 우리가 따뜻한 벽난로 곁에서 오이절임을 안주로 크바스를 마시며 마치 천국을 누리는 것처럼 보일지라도.'

그리고 알타반은 이웃 영지의 강 계곡에서 일꾼들이 모래에서 골라낸 마법의 금가루를 여러 작은 가죽 주머니에 채워 넣었다. 예로부터 세상의 무역을 좌지우지하는 아주 귀한 금, 사금이었다. 그의 영지에는 또한 마음으로부터 신뢰할 수 있는 몇 사람 외에는 아무도 알지 못하는 매우 은밀하고 조그만 광산이 있었는데, 알타반은 거기서 캐낸 것 가운데 가장 희귀하고 값비싼 보석 몇 점을 그의 예물함에 집어넣었다.

그는 존귀하신 왕에게 드릴 예물로 자신이 할 수 있는 한 가장 아름답고 가장 가치 있는 것들을 선택했다. 가져갈 예물의 준비가 거의 끝났을 때 즈음, 여인들의 지혜야말로 세상을 지탱하는 유일한 기둥이라고 익히 들어 알고 있었던 알타반은, 그 지혜에 걸맞게 자기 어머니의 요청을 받아들여, 작은 도자기에 담은 꿀 한 병을 추가로 가져가기로 했다. 그것은 벨벳 같은 보드라운 솜털을 가진 작은 꿀벌들이 보리수나무로부터 모은 것이었다.

알타반의 어머니는, 세상의 모든 아기에게 이

꿀이 유용하듯이, 비록 옛 언약을 따라 하늘로부터 내려와서 이 땅에 태어나는 아기라고 해도, 이 보리수나무의 꿀은 무엇보다도 먼저, 그가 떠나온 저 하늘의 더 나은 집을 생각나게 할 것이라고 하였다.

이것들이, 알타반이 아기 예수를 경배하기 위한 예물로 가져가려고 준비한 목록들이었다. 이제 그는 자신의 모든 것을 남은 사람들에게 맡기고, 다시 돌아올 때까지 해야 할 일들을 그들에게 당부한 후에, 어느날 밤에 애마 바니카에 올라 길을 떠났다. 그 순간 그 별이 가장 밝게 빛나고 있는 듯이 보였다. 그는 말을 타고 산지를 벗어나 초원에 이르기까지 계속 달렸다. 그렇지만 그 별은 결코 멈추는 일 없이 계속 움직이고 있었다.

알타반은 어쩔 수 없이 미지의 세상으로 나아가야만 했다. 말할 것도 없이 그에게는 익숙한 자기 영지에서와는 달리 모든 것이 낯설었고, 모든 일이 서툴고 힘이 들었다. 낮에는 물론이고 때로는 캄캄한 밤에도 그는 아기 예수를 경배하기 위하여 길을 달리고 또 달렸다. 그가 따라간 별의 긴 꼬리가 거의 땅끝에 닿을 것처럼 느껴질 때는, 손을 내밀어 그 별의 꼬리를 잡아 구원의 현장에 도달할 수 있을 것만 같았다.

그러나 결코 그렇게 되지는 않았다. 유일하게 그를 붙잡고 있는 것은 모든 시대, 모든 나라에 걸쳐 가장 위대한 통치자에게 감히 경의를 표하고자 하는 자신의 개인적 바람이었다. 그러한 소망으로 인하여 알타반은 아직 지치지 않았고 쉽사리 잠들지도 않았다. 비록 낯선 땅과 사람들이 몹시 그의 마음을 흔들어 혼란에 빠뜨리기는 했을지라도.

물론 그는 그때까지 알지 못하고 들어 본 적이 없었던 많은 것을 직접 목격했다. 그는 특히 선하고 아름다운 일들을 볼 때면 주의 깊게 관찰했다. 언젠가 자신의 영지에서 조심스럽게 실천에 옮길 수 있도록 많은 생각을 하곤 했다. 나쁜 일들을 만날 때는, 자기 고향에서 비슷한 일을 목도했을 때보다 더 괴로워하며 근심했는데, 타지에서는 그 자신이 어떤 도움도 줄 수 없었기에 안타까운 마음이 치솟았기 때문이었다. 의인들이 부끄러움을 당하고 선한 사람들이 고통 가운데 있음을 목격할 때, 그의 마음은 더욱 그러했다.

그는 여행 중 할 수 있는 대로 어려움 때문에 힘들어하는 사람들을 말뿐 아니라 행동으로 도왔고, 계속하여 다시 홀로 여행길에 올라야만 했을 때는 세상이 얼마나 애타게 새로운 전능하신 통치자를 필요로 하는지 마음 깊이 인식하였다. 박해받는 자들을 보호하고, 억압받는 자들을 회복시키고, 옥에 갇힌 자들을 풀어주고, 병든 자들을 낫게 하고, 의로운 사람들을 보상해 주는 왕이어야 한다는 것을 말이다. 이 모든 일을, 옛 언약을 따라 나타나는 새로운 통치자가 행할 것이라고 그는 믿었다. 그 역시 이를 위해 길을 떠났던 것이다.

고향을 떠난 지 이미 두세 달이 지나도록 여행을 계속하고 있었을 때, 어느날 밤하늘에 떠 있는 그 별이 유난히 찬란한 빛을 내며 운행하고 있었다. 그의 마음에는 좀 슬프고 우울한 기색이 있었지만 애마는 경쾌한 발걸음으로 그 별을 뒤따라가고 있었다. 벌써 꽤 긴 기간 동안 여행을 하고 있는데, 그럴수록 멀어져 가는 고향을 생각할 때는 다시 돌아갈 날이 더욱 아득해지고 있는 듯한 느낌이었다.

지금 알타반이 어둠 속에서 첫번째로 인식한 것은 움직이고 있는 구릉이었다. 그렇지만 가까이 다가가 보니 그것은 구릉이 아니라 몇몇 사람들의 무리였다. 아마도 그들은 무더운 낮을 피해 서늘한 밤에 여행하기를 선택한 부지런한 여행자들이거나, 아니면 알타반 자신처럼 그들 역시 특별한 목적으로 그 별을 따라가고 있는지도 모를 일이었다. 그들은 모두 말 대신 낙타를 타고 있었는데, 여러 마리의 낙타들이 마치 털장화를 신은 듯한 다리를 질질 끌며 걸어가고 있었다. 움직이고 있는 언덕으로 착각했던 것은 무거운 짐을 실은 낙타의 혹, 육봉이었던 것이다.

 몸집이 작은 토종말의 빠른 걸음걸이가 앞선 무리를 따라잡았을 때, 그들은 혹시나 강도들일까 두려워하는 마음에, 재빠르게 세 사람을 가운데 두고 그 주위를 둘러쌌다. 하지만 그런 오해는 금방 사라졌다. 알타반은 평소와 같이 뛰어난 사교성을 발휘하여 금방 길동무들과 가까워졌다. 가운데 있던 세 사람은 별자리를 관찰하고 이 세계에 감추어져 있는 신비한 지식들을 연구하는 박사들이라고 했다.

 그는 세 사람에게 어디서 와서, 어디로 가느냐고 물었고, 그들은 알타반에게 자신들이 떠나온 동방 나라의 이름을 말해 주었다. 알타반은 그런 나라들에 대해 이전에 전혀 들어 본 적이 없었다. 그렇지만 놀랍게도 그들의 목적지, 그들이 가고자 하는 곳은 바로 알타반이 가고자 하는 그곳과 똑같았던 것이다. 바로 그 순간 그 별은 다른 곳으로 이동하지 않고 그들 위에 여전히 머물고 있었다.

 그들은 알타반에게, 세상에서 가장 위대한 왕이며 세상의 가장 지혜로운 치료자, 모든 시대와 지역을 통틀어 가장 위대한 대제사장인 한 아기가 태어날 것이라는 예언의 약속이 이루어질 것이므로, 그 아기에게 경배하고 엎드려 절해야 한다고 말했다. 이에 알타반은 큰 충격과 놀라움에서 헤어날 수 없었다. 그는 그들에게 자신 역시 똑같은 이유로 자기 영지를 떠나왔다고 말해 주었다.

새 아침이 밝았을 때, 알타반은 지난 밤 어둠 속에서 그토록 진솔하게 많은 대화를 나누었던 사람들이 어떤 사람들인지 알게 되자, 그만 기가 꺾이고 말았다.

그들이 낙타 등에 싣고 가는 예물의 화려함과 풍성함을 보니, 알타반 자신은 마치 한낱 초라한 떠돌이처럼 느껴졌다. 또한 함께 동행하는 그들의 충성스러운 여러 하인들을 보면서, 자신 역시 가장 신실한 한두 사람이라도 데리고 길을 떠나는 것이 더 지혜로운 처신이 아니었을까 하는 생각이 들기도 했다.

알타반은 자신이 입은 먼지투성이의 해어진 의복을 내려다보면서 조금 창피하고 부끄러운 마음이 들었다. 동방으로부터 온 부유해 보이는 세 박사들은 적절한 침묵을 통해, 어둠 속에서 그토록 많은 이야기를 나누었던 한 사람에게, 마치 어두운 데서는 그럴듯해 보이던 것들도 밝은 빛 가운데서는 아주 초라해 보일 수 있다는 사실을 가르쳐 주는 것 같았다.

알타반이 직접 만난 이 세 사람은 정말 특별한 사람들이었다. 그들 중 한 사람은 길고 풍성한 삽 모양의 턱수염을 기르고 있었는데 살결이 하얀 백인이었고, 또 한 사람은 보리수꽃처럼 누르스름한 피부를, 세 번째 사람은 완전히 검은 피부를 가지고 있었다. 다시 캄캄한 밤이 되었을 때, 알타반은 그가 실제로는 세 사람과 대화했으면서도 단지 두 사람하고만 이야기한 것처럼 느낀 이유를 스스로에게 물어보아야만 했다. 그런데 그 이유는, 검은 피부의 그 사람이 마치 캄캄한 밤의 일부처럼 느껴졌기 때문이었다.

길을 알려 주던 그 별이 지고 나면, 먼 길을 가는 여행자들이 묵을 곳을 찾는 현장의 벌판에서, 알타반은 대부분 작은 언덕이나 큰 바위 뒤편에서 말의 안장을 베개 삼아 잠들어야 했다. 하지만 마치 이제 태양이 불을 지피는 것처럼 보이는 이른 아침에 이슬이 반짝반짝 영롱거릴 때, 세 박사들이 그 광경에 감탄하는 것을 보면 어느새 우쭐한 기분에 사로잡히는 경우도 있었다. 비록 자신이 먼지투성이에 초라한 행색을 하고 있기는 하지만, 이 모든 낯선 화려함 가운데서라도 한 번쯤은 자신을 뽐내고 싶기도 했다.

"내 고향, 그리운 그 땅에서 나는 이 진주는 그 이슬보다 훨씬 더 찬란하게 빛이 난답니다!"

알타반은 소리를 높였다.

말 안장의 주머니에 손을 넣으며, 그는 실제로

아기 예수를 위해 준비한 진주가 담긴 작은 가죽 자루를 꺼냈다. 그러고는 이슬이 반짝이는 아침의 그 넓은 들판에, 그의 고귀한 선조들의 나라를 향한 긍지와 사랑의 의지로 영롱거리는 진주들을 공중을 향해 던져 보임으로써 그 아름다움을 증명하려 하였다.

세 박사는 알타반의 이러한 뜻밖의 행위에 대해 당혹하며 어쩔 줄 몰라 했다. 잠시 시간이 지난 후에야 턱수염을 길게 기른 사람이 말문을 열었다.

"그게 다 진짜 진주라는 말이요?"

"물론입니다!"

알타반이 말했다.

"그리고 사실은……"

무언가를 말하려던 알타반은 그 순간 위대하신 새로 오시는 왕이 마땅히 그것을 받아야만 한다는 사실을 생각했다. 하지만 그것을 입 밖으로 발설하는 것이 부끄럽게 느껴졌다. 그래서 그는 더이상은 말하지 않았다.

"우리 고향에는 아직도 많은 진주가 난답니다."

그저 조금은 퉁명스럽게, 그렇게 말했을 뿐이었다.

"진주는 눈물을 의미합니다."

긴 수염을 가진 박사가 말했다.

"형제여, 왜 그대들은 이 낯선 땅에 그대들의 눈물을 뿌리는지요?"

"아, 나는 바로 그 일을 위해 길을 떠난 것입니다."

알타반은 아무 생각 없이 조금 경솔하게 말했다.

"그렇지만 물론 나는 여전히 웃음을 잃어버리지 않고 있습니다!"

알타반은 그가 했던 행동만큼 자신이 경솔했다고는 전혀 생각하지 않고 있었다.

그런데 그들이 함께 길을 가면 갈수록 그만큼 더 세 사람은, 알타반이 자신들과 같은 목적지를 향해 가고 있다는 사실을 전혀 믿고 있지 않는 것처럼 느껴졌다.

그들은 이 초라한 모습의 알타반을, 가장 위대

한 새로운 왕의 신하가 될 자격이 없다고 여기는 것 같았다.

여전히 그들과 함께 있는 길지 않은 시간 동안, 알타반은 그들과 세 번의 수준 높은 대화를 나누었는데, 그는 그들의 대화를 전혀 따라갈 수 없었다. 차라리 그들의 하인 가운데 한 사람과 대화를 하는 게 낫다고 여겨질 정도였다.

별들이 사라진 이른 새벽에 그들이 숙소에 도착했을 때, 세 사람은 미리 보낸 하인들을 통해 그들이 낮 동안 충분히 휴식을 취할 수 있도록 모든 것을 준비시켜 두었다. 그에 반해 알타반은 쉴 만한 아무 준비도 되어 있지 않았다. 그러나 그는 타인에게 불편을 끼치는 불청객이 되고 싶지는 않았다.

세 사람에게 알타반은 감히 숙소를 같이 사용하

기에는 좀 초라하게 느껴지는 작은 손님에 불과했다. 그렇다고 그 자신이 하인들 가운데 한 사람과 방을 같이 사용하기에는 돌아가야 할 고향의 명예를 생각할 때 자존심이 허락하지 않았다. 그래서 그는 말 바니카에게 먹이를 주고, 가방과 안장을 벗겨 낸 다음 그것을 베개로 삼아, 평소 하던 것처럼 헛간 처마 아래서 홀로 잠을 청했다.

알타반은 곧 깊은 잠에 빠져들었는데, 꿈속에서 그는 절인 오이와 함께 전통 음료인 크바스를 먹고 마시며 친구들과 대화를 나누고 있었다. 마치 고향 집 벽난로 곁에 편안히 누워 있는 듯한 느낌이 들기도 했다.

그러다가 그는 갑자기 온 세상의 슬픔과 아픔을 짊어진 듯한 신음 소리에 놀라서 깨고 말았다. 어안이 벙벙해진 알타반은 눈을 비비며 주변을 둘러보았다. 그는 홀로 헛간에 들어와 자고 있었지만 자기가 알지 못하는 사이에 누군가가 헛간에 들어 왔다는 사실을 깨달았다.

그 불청객은 어떤 구걸하는 여자였다. 그녀는 만삭의 몸으로 알타반이 잠든 사이에 바람과 추위를 피하기 위해 헛간에 숨어들어 왔다가 그만 여자 아이를 출산하고 말았던 것이다. 이제 그 산모와 이 갓난아이를 도울 수 있는 사람은 알타반 외에 아무도 없었다. 알타반은 급하게 누군가를 돌보는 일에 익숙하지 않았지만, 이렇게 어려운 일을 만난 사람에게 마땅히 도움의 손길을 내밀어야 한다고 생각했다.

알타반은 여관에서 먹을 것과 마실 것을 구해다가 이 젊은 산모에게 가져다주었다. 그녀는 지난 며칠 동안 사람들로부터 아무것도 동냥을 얻지 못했다고 했다. 알타반은 자신의 작은 가죽 주머니에서 사금을 조금 꺼내 그녀에게 건네주었다. 그녀의 갓 태어난 아기는 참 가련하고 불쌍해 보였다. 엄마는 출산을 위한 아무 준비도 되어 있지 않은 것처럼 보였다. 그는 이마를 찡그리며 조그만 이 아기의 벌거벗은 모습에서 눈을 뗄 수가 없었다.

"아, 이 헐벗은 아기야!"

알타반이 마침내 입을 열었다.

"네 아버지는 또 어떤 무책임한 한량이라는 말이냐!

그는 너에게 이 얇은 피부 외에는 아무것도 주지 않고 이 세상으로 내보냈구나.

이런 너를 쳐다보자니 내 마음이 참으로 민망하구나!"

말을 마친 후 알타반은 말 안장에 매단 자루를 열어 고향에서 가져온 아마포 한 필을 꺼냈다. 그리고 반듯하게 잘라서, 비록 전문가의 손으로 만든 것처럼 세련되지는 않지만 품이 넉넉한 배내옷 여섯 개를 만들었다.

이 불쌍한 엄마와 갓난아기가 당장 며칠만이라도 걱정 없이 지낼 수 있도록 필요한 것들을 마련해 주었을 때는 벌써 하루가 지나 캄캄한 저녁이 되고 난 다음이었다. 알타반은 그의 조랑말 위에 올라타 다시 길을 떠나면서 이 가련한 여인에게 평안을 비는 작별 인사를 전했다.

"내 고향이었다면……"

"당신은 마땅히 더 많은 것을 얻을 수 있었을 것이오!"

알타반은 다시 말했다. 그는 그녀에게 인정 많은 자신의 고향에 대한 이야기를 들려 주었다. 그곳에서는 거지라고 해도 넉넉한 사랑과 긍휼로 인하여 먹고사는 데는 전혀 문제가 없다고 말이다. 그렇지만 그는 정작 본인이 누구인지는 밝히지 않았다.

"나의 나라에서는요!"

여인은 꺼져 가는 듯한 목소리지만 온몸을 떨며 화답했다.

"당신은 마땅히 왕이 되어야 합니다.

나는 당신에 대하여 아무런 자격도 갖추지 못했어요.

하지만 나는 당신을 내 마음의 왕으로 모실 것

입니다.

 당장 이 시간부터 나는 확실히 그렇게 할 겁니다."

 '아!'

 알타반은 행복한 마음에 혼자 중얼거렸다.

 '위대하신 전능자를 위해 준비한 금과 아마포 중 일부를 나는 기꺼이 내어놓았다.

 그런데 나는 이 낯선 땅에서 지금 나의 나라를 얻었다.

 아마도 그 나라는 마음으로 얻는 나라, 전혀 악하거나 나쁜 나라가 아닐 것이다.

다만 그 크신 왕께서 나를 용서해 주시는 그 때……'

알타반이 말을 타고 여관 뜰에 들어섰을 때, 거기는 벌써 휑하니 비어 있었다. 화려하고 권위 있어 보이는 이방인들의 행렬은 첫 별이 비치자마자 급히 길을 떠났다고 사람들이 전해 주었다. 그들은 큰 별을 가리키며, 긴 꼬리를 가진 이 별 역시 예사롭지 않은 특별한 목적지를 향해 가고 있다고 말하였다.

알타반은 생각에 잠겨 있다가 고개를 가로저었다. 오늘에 이르기까지 긴 여행 가운데 처음으로 그의 마음에 두려움이 밀려오는 것 같았다. 이미 아침부터 그는 무언가 빠뜨리거나 잃어버린 것이 아닐까 하며 우울한 마음을 금하지 못하고 있었다. 하지만 그는 자신의 마음을 가다듬으며, 다시 한번 사람들에게 아기를 낳은 거지 여자를 돌보아주라고 당부했다.

그러고는 그 별을 따라 말을 달렸다.

알타반은 말을 타고 쉼없이 길을 달렸다. 오늘 밤 그리고 다음날 밤에도, 한 달이 꽉 차도록 그는 매일 밤마다 쉬지 않고 말을 달렸다. 말을 달리면서 그는 기억 속에 간직하고 있던 고향 노래들을 불렀다. 어두운 밤길을 가는 자신과 애마 바니카를 격려하기 위해 그는 노래를 부르고 또 불렀다. 그런데 어찌 된 일인지, 그 후로는 동방에서 온 세 박사의 행렬을 다시는 만날 수 없었다.

마치 이 넓은 초원이 그들을 삼켜 버린 것 같았다. 알타반이 그들 무리에 관해 사람들에게 물어보면 매우 불친절한 아주 짧은 답변만이 돌아오곤 했다. 그래서 그는, 비록 이 나라가 평화로워 보이고 모든 집의 문이 밤에도 열려 있기는 하지만, 어쩌면 세 사람이 일부러 그들이 가는 길에 대한 틀린 이야기를 다른 사람들에게 해 준 것이 아닌가 하는 의심을 하기도 했다.

그런데 큰 별이 하늘에 멈춰 서 있고, 자신이 그 별을 따라 그의 길을 선택할 수 있는 동안에는, 세 사람을 만나든지 만나지 못하든지 관계 없이 알타반은 결코 기가 꺾이지 않았다. 물론 그는 그들과 함께 아기 예수께 경배를 드리고 싶었다. 하지만 그것은 아기 예수를 경배하는 데 조금이라도 그들의 후광으로부터 도움을 얻고 싶어서가 아니었다. 그저 부끄러움이 많은 사람이라면 누구나 알고 있듯이 혼자보다는 다른 사람과 함께하는 것이 다소나마 더 용기를 주기 때문이었다.

해가 떠 있는 동안 알타반과 대화를 나누었던 사람들은 그가 부끄러움이 많은 사람이라는 인상을 전혀 받지 못했을 것이다. 사실 알타반은 비록 그의 작은 영지 안에서의 일이기는 했지만, 시시비비를 가려 주고 지시를 하는 데 익숙한 사람이었다.

알타반은 남서쪽을 향하여 멀리 말을 달리면 달릴수록, 그 땅을 통치하는 사람들이 매우 불공정하고 따라서 그 땅에서 살아 가는 백성들의 운명 역시 더 힘들고 불행한 것 같다는 생각이 들었다. 그 땅에는 어디나 향토병과 전염병이 퍼져 있었고 질병에 걸린 백성들의 삶은 참으로 비참하고 저주스러워 보였다. 1년 365일 아니 10년 3,650일이라는 긴 시간이 지나가도 역시 병든 사람들은 충분한 보살핌과 간호를 받지 못한 채 죽어 갈 수밖에 없다는 사실이, 너무나도 가련하고 불쌍하게 느껴졌다.

마땅히 왕의 공정한 지팡이가 다스려야 할 땅은

무서운 채찍이 지배하고 있었고, 그렇게 사람들은 마치 물건과 같은 취급을 받고 있었다. 이러한 현실을 보면서 알타반은 이 세상에 태어나기로 되어 있는 위대하신 왕의 존재와 함께 그분이 이루어야 할 일들에 대하여 생각이 미치게 되었다. 그리하여 알타반은 자손 대대로 여러 세대가 새로 오실 왕을 왜 그토록 간절히 기다려 왔는지 그 이유를 비로소 제대로 가늠할 수 있을 것 같은 마음이 들었다.

알타반 자신은 결코 아무 일에나 주제넘게 참견하고 싶지 않았다. 비록 위대하신 왕이 처음에는 먼저 어린아이의 모습으로 오는 것이 자연스러운 일이라고 할지라도, 세상을 통치하는 일에 있어서는 감히 자신과 비교할 수 없으리라는 점에 대하여 알타반은 아무런 의심도 가지고 있지 않았다. 하지만 불쌍한 사람들이 끔찍한 위기에 처한 것을 보게 되면, 그는 만유의 주를 위해 준비한 예물 중

얼마를 떼어 주어야만 했다. 그분께서 일하실 때까지 기다리기에는 불행한 사람들이 당한 고통이 너무도 힘들어 보였기 때문이었다. 그러면서도 알타반은 감사의 인사라도 받을 때에는 본인이 받아야 할 감사가 아니라 위대한 새 왕께 감사를 돌려드려야 한다고 말하곤 했다.

그런 식으로, 알타반이 준비한 가죽 주머니의 금덩어리는 점점 쪼그라들었고, 이제 보석들을 금화로 바꾸어야만 할 날이 그리 멀지 않았다는 것을 그는 쉽게 예측할 수 있었다. 그런데 그날은 예상했던 것보다 훨씬 빨리 찾아왔다. 어느날 저녁 살이 피둥피둥 찐 두 감독관이, 그들이 보기에 충분히 재빠르게 일하지 않는다는 이유로, 비쩍 마른 남자와 여자 노예를 거의 죽도록 채찍으로 때리는 것을 알타반은 목격했다. 알타반은 분노로 몸을 떨다가 망설이지 않고 그 자리에서 그들 노예들을 돈을 주고 샀다. 그리고 그들을 자유인으로 만들었다.

그런 일을 한다는 것은 확실히 많은 금이 필요할 뿐 아니라, 저녁부터 새벽별이 떠오르기까지 긴 시간이 소모되는 과정이었다. 여행을 시작한 후 처음으로 알타반은 이곳에서 꼬박 밤을 지새워야 했는데, 그가 그들의 몸값을 지불함으로써 자유인이 된 사람들이 자신을 구원자로 추앙하는 가운데 차마 그들의 손길을 뿌리치지 못한 채 그 자리에 앉아 있었던 것이다. 또한 하늘을 가로질러 그 별이 움직이는 것을 바라보았지만 별을 따라가지는 못했다. 그럴 때는 별을 따라가는 데 익숙한 애마 바니카만이 안절부절못하며 머리를 위아래로 흔들고 있었다.

다음날 알타반은 처음으로 밝은 태양 아래서 말을 달렸다. 이제 그는 자신의 엉성한 지리적 지식 외에는 본인에게 길을 가르쳐 줄 어떤 수단도 가지고 있지 않았다. 하지만 알타반은 한시라도 빨리 구세주께 경배할 그 자리에 도착하고 싶었다. 익숙하지 않은 빛나는 햇빛 아래 바니카가 눈을 깜박이며 달려가고 있을 때, 허다한 생각이 그의 이마의 주름살을 더욱 깊게 파고들었다.

과연 선한 것이 항상 옳은 것인가, 알타반은 스스로에게 물어보지 않을 수 없었다. 그가 몸값을 대신 지불함으로써 자유를 얻은 사람들이 이른 아침 그에게 찾아와, 이제는 누가 그들에게 먹을 것을 주는지 물었다. 그들은 노예의 삶에 익숙해져 있었을 뿐 아니라, 채찍을 휘두르는 그들의 감독자들과 감독자들의 손에 쥐어진 채찍과 배급을 주면서 국물을 휘휘 저어 대는 국자의 움직임에도 이미 익숙해져 있었다. 생애 처음으로 노동을 하지 않아도 되는 자유로운 아침을 맞았지만, 그들은 배고픔 외에는 아무것도 전혀 실감하지 못하고 있었다. 그들은 지금 당장 배가 고팠고, 어디에선가 무엇인가를 다시 얻어먹지 않으면 안 되었다.

 알타반은 말을 타고 다시 길을 떠나기 전, 한 번 더 그들에게 돈을 주었다. 그 돈은 그들이 최소한 사흘 동안은 먹을 것을 살 수 있는 액수였다. 그러면서 이제는 자유인으로서 할 일을 찾아보라고 그들에게 당부했다. 그렇지만 알타반은 마을로부터 1마일쯤 떨어진 곳에 이르자 과연 그들이 그렇게 할 것인지 이미 의심하고 있음을 깨달았다. 그들은 노예의 삶에 너무도 익숙해져서 자유인으로 사는 것이 불가능해 보였고, 그래서 다시 한 번 스스로를 노예로 팔아 버릴 것만 같았다. 노예에게 채찍질이란 종종 오는 것이지만, 스프를 퍼 주는 국자는 항상 그들 곁을 떠나지 않기 때문이다.

 그날 밝은 태양 아래서 알타반은 자신이 가지고 있던 가죽 주머니를 살펴보고는 놀라지 않을 수 없었다. 자신이 생각했던 것보다 훨씬 적은 금액만 남아 있었기 때문이었다.

'아니 이것밖에 남아 있지 않다니!

혹시 내가 모르는 사이에 도둑을 맞은 것이 아닐까?'

스스로 이렇게 변명을 해 보기도 했다.

'나야말로 깊이 잠드는 습관이 있는데,

만약 내가 절인 오이를 안주 삼아 크바스를 마시는 꿈을 꾸고 있었다면, 누가 나를 떠메어 간다고 해도 나는 알아차리지 못했을 거야!

그러니 그 사이에 누가 내 가죽 주머니를 열고 무언가를 도둑질해 간다 할지라도 내가 어떤 말을 할 수 있겠는가!'

그렇지만 실제로 알타반이 그렇게 생각하고 있었던 것은 아니었다. 그건 단지 그의 양심의 변명거리에 지나지 않았다.

알타반은 이제 가능한 한 지출을 줄이고, 곧 오실 만왕의 왕에게 드릴 예물을 더이상 축내지 않기로 단단히 마음먹었다. 그래야 누구도 자신과 자신의 고향을 얕보지 않을 것 같았다. 그는 여전히 몇 필의 질 좋은 아마포, 값나가는 고급 모피, 최고로 달콤한 꿀단지를 가지고 있었다. 그 꿀은 앞에도 언급했지만, 초원과 숲이 만나는 지역에 서식하는 작은 황금빛 꿀벌들이 보리수나무에서 모은 꿀이었기 때문이다.

하지만 바로 그날 저녁이 되기도 전에 알타반은 다시 한 번 자신의 굳은 결심을 스스로 어길 수밖에 없었다. 어쩔 수 없는 일이었다. 그는 병이 매우 깊고 오래된 몇 명의 나병 환자를 만났는데, 그들은 부드러운 천으로 그들의 곪아터진 환부를 싸맬 수 있기를 바라고 있었다. 그들의 역병이 극성맞은 파리 떼를 통하여 다른 사람에게 전염되지 않기를 원했기 때문이었다. 그리고 그런 부드러운 천을 알타반은 가지고 있었다.

'이제 곧 초원을 벗어나 삼림 지역에 이르게 될 거야.'

알타반은 그곳이 더 공기가 맑고 깨끗할 것으로 기대하고 있었다.

'그러면 저런 나병 환자의 환부에 들러붙어 있는 저 극성맞은 파리 떼를 더이상 보지 않아도 될 것이고,

그렇게 되면 나는 또 다시 예물을 내놓아야 하는 유혹을 받지 않아도 되겠지!'

그러나 알타반이 그런 유혹에서 벗어나려고 애를 쓰면 쓸수록, 유혹은 더욱 강해지고 마침내 감당하기 어려울 만큼 무거워져서 도무지 뿌리칠 수 없는 지경에 이르게 되는 것이다. 사실 그는 그런 자신의 모습이 약점일 수는 없다고 스스로 생각하고 있었다.

'하나님께서 다른 사람들과는 완전히 구별된,

불가피한 일들을 나의 여정 가운데 보내신 것에 대하여

그 누구라도 어찌 감히 다른 뜻을 내보일 수 있을까!

만약 모든 왕 중 가장 크신 왕께서 그것을 이해하지 못하신다면 그것은 상상할 수 없는 일이지.

경배의 예물이란 참으로 선하고 귀한 것이지만, 장래 그분의 신민들이 제때에 도움을 받는 것이야 말로 그보다 더 좋은 일이 어디 있겠는가!

만약 내가 처음에 그분에게 드리기로 마음먹고 가져왔던 예물들에 대하여 이야기한다면, 그분은 반드시 나를 믿어 주실 거야!'

알타반은 여행을 계속하면서 자기 자신이 그럴 수밖에 없었던 선택의 정당성에 대한 아름답고 정교한 논리의 띠를 구축했다. 그가 처음부터 그렇게 행동하고 또 계속해서 반복하여 그렇게 행동해야만 했던 이유를 제시해야만 할지도 모른다고 생각했던 것이다.

알타반이 삼림 지대를 향해 길을 떠나는 저녁은

어두웠고 짙은 구름에 잠겨 있었다. 이미 겨울이 다가왔기 때문이다. 길을 떠나려고 할 때 알타반은 다시 한 번 그의 별을 바라보았지만 구름에 가려 별은 더이상 보이지 않았다.

"달려, 바니카. 달려!

저 별의 꼬리를 물어 봐!"

알타반은 소리치며 급히 바니카를 재촉했다. 그는 그날 밤 부지런히 말을 몰았지만, 아뿔싸, 그만 길을 잘못 들어 밤새도록 산속을 헤매게 되었다. 그렇게 아침이 되었을 때 알타반은 바니카와 자신이 생각보다 크게 다친 데가 없음을 보고 그나마 위로를 받을 수 있었다. 밤새 달려온 길이 그만큼 험악하고 거칠었던 것이다.

해가 밝아 올 때쯤 알타반은 길 위에 쓰러져 있

는 한 상인을 발견했다. 그는 지난 밤 강도들에게 죽도록 얻어맞고 쓰러져 있었는데 마지막 속옷까지 빼앗겨 버린 상태였다.

"이런! 가련한 친구여!"

알타반은 측은지심으로 가득 차서 신음하듯이 말했다.

"너는 하늘에서 길을 잃어버린 어린 천사처럼 전혀 아무것도 몸에 걸치지 않았구나.

사람이 너에게 자비를 반드시 베풀지 않고서는 안 되겠구나!"

우선 알타반은 상처 입은 그의 몸을 붕대로 싸매었다. 붕대를 만들기 위해 그가 가진 고운 아마포 두루마리를 끊어 내야 했을 때, 마치 아마포의

항의가 들려오는 것 같았다. 그는 자기 마음에서 들려오는 외침을 차단하며, 그만 잠잠할 것을 명령했다. 그는 아기에게 모유를 수유하는 것보다 솟구치는 피를 멈추게 하는 것이 당연히 더 명예로운 일이라고 생각했다. 그런 다음 알타반은 상처를 입고 쓰러져 있는 그에게 먹을 것과 마실 것을 주어 기운을 차리게 했다.

"그런데 당신을 언제까지나 하늘의 천사처럼 벌거벗고 있도록 놓아둘 수는 없겠지요."

그렇게 말하며 알타반은 자신의 귀 뒤를 긁적거리고 있었다.

이어서 알타반은 애마 바니카에게도 이렇게 말했다.

"바니카, 너는 아름답고 긴 꼬리와 그리고 촘촘

하고 풍성한 갈기를 가지고 있구나.

 내가 지금 당장 이 자리에서 너의 그 모든 것을 잘라 낸다 해도,

 그것을 가지고는 이 사람에게 여전히 옷을 지어 줄 수 없겠지.

 아무런 도움도 이 사람에게 줄 수 없겠지.

 내가 알기로 한 벌의 옷을 짓기 위해서는 몇 개의 모피 조각과 아마포 한 두루마리가 더 필요하겠구나.

 내가 당신을 돕지 않는다면 어쩌면 당신은 얼어 죽을지도 모르겠구려."

 그렇게, 강도맞은 상인은 결혼식에 쓰는 최고급

아마포에 모피 조각을 덧댄 멋진 옷을 차려입고 그가 당한 불행으로부터 다시 사람 사는 세상으로 돌아올 수 있었다. 하지만 이제 알타반은 그가 여행을 떠나며 꾸렸던 가방이 거의 비어 있는 상태로 그의 별을 따라 달리지 않으면 안 되게 되었다. 이제 그의 주머니는 거의 구멍이 난 것 같은 상태가 되었으며, 마지막 남은 것들도 그렇게 빨리 사라져 갔다.

결국 여행을 떠난 지 일 년쯤 되었을 무렵에는 그의 모든 주머니가 바닥을 드러내고 있었다. 고급스러운 아마포는 헐벗고 아픈 사람들의 몫이 되었고, 모피는 추위에 떠는 자들에게 주어졌고, 금과 보석은 가난한 사람들과 옥에 갇힌 죄수들을 위해 사용되었다. 유일하게 어머니가 챙겨 주신 선물이었던, 흙으로 빚은 항아리에 담긴 꿀은 아직 남아 있었는데, 알타반이 조심스럽게 뚜껑을 열었을 때 그 꿀은 태양 빛이 반사되어 여전히 반짝거리고 있었다.

  알타반은 잠시 길가에 주저앉았다. 바니카는 한가로이 풀을 뜯도록 내버려두었다. 최근 들어 바니카는 거의 귀리 맛을 보지 못했다. 그래서인지 바니카는 이전보다 훨씬 더 부스스해졌고 조금 걱정스러울 정도로 말라 보였다. 사실 말에게 1년은 사람의 1년보다 훨씬 긴 세월이라고 할 수 있다. 황홀한 듯 알타반은 찬란하게 빛나는 노란 꿀단지 속 거울을 들여다보았다. 거울 속에서 그는 고향집에 가득한 보리수나무의 녹색과 황금색 꽃을 떠올리며, 거기에 서서 햇볕에 몸을 맡긴 채 다양한 향기와 윙윙거리는 벌 소리와 피어오르는 구름에 빠져 있는 자신의 모습을 그려 보았다. 그 순간 알타반은 향수에 깊이 젖어들었다.

  '아!'

그는 생각했다.

'낯선 땅에서 아무도 알아주지 않는 왕이기보다는 비록 잠시 살다 떠날지언정 차라리 고향 땅의 꿀벌이 더 낫지 않은가!

별을 따라가는 것보다는 보리수나무 사이를 훨훨 나는 나비가 더 낫지 않은가!'

지금까지 이미 1년이 넘게 달려왔지만 여전히 여행의 끝은 언제쯤인지 알 수가 없었다.

이제 타향살이는 불행으로 변할 조짐이 보이고, 낯선 것은 더이상 새롭지 않고 마냥 지루하기만 했다. 자신이 가졌던 모든 것을 내주고 나니 지금 알타반이 대화할 수 있는 상대는 전적으로 애마 바니카뿐이었다. 이렇게 혼자가 된 알타반은 깊은 외로움을 느꼈는데, 이는 고향 땅에서는 한번도 상상해 보지 못한 일이었다.

 겨울을 지낸 후 왕성한 식욕을 보이는 야생벌들이 보리수나무 꽃향기에 취해 알타반의 꿀항아리 가장자리에 앉아 꿀을 빨고 있었다. 아마도 알타반은 그것을 보지 못하고 있는 것 같았다. 아니면 다른 생각에 빠져 있는 사이에 벌들이 너무 은밀하고 재빠르게 움직였기 때문에 미처 발견하지 못했을지도 모른다. 그러다가 서너 마리였던 벌들이 30~40마리까지 불어났을 때, 그는 비로소 깨달았다. 더는 아무것도 위대한 왕께 선물할 것이 없는 자신에게 마지막 남은 것까지 빼앗고 싶어하는 존재들이 있다는 사실을 말이다.

 "저리 가! 저리 가란 말이야!"

 알타반은 두 손을 휘저으며 꿀항아리의 뚜껑을 찾았지만 잠시 한편에 밀쳐 두었던 뚜껑은 어디로 숨었는지 찾을 수가 없었다. 사실은 알타반이 그 뚜껑을 무심코 깔고 앉아 있었던 것인데, 그는 아직 거기에 생각이 미치지 못하고 있었다. 그러는 사이 거울같이 반짝이는 꿀의 표면은 벌들로 뒤덮였고, 이 야생벌들은 알타반이 고향 땅에서 가져온, 이제는 마지막 남은 예물인 그 꿀을 신나게 빨아들이고 있었다.

알타반이 꿀단지를 손에 움켜잡고 팔을 공중으로 높이 뻗었을 때, 수많은 벌들의 날갯짓과 함께 문득 쏟아지는 듯한 광활한 뭉게구름의 배경 속에서, 그는 약간의 현기증을 느끼며 멈칫거릴 수밖에 없었다. 알타반이 꿀항아리를 지키려고 이리저리 흔들면 흔들수록, 벌들은 그만큼 더 격렬하게 그에게 달려들며 공격을 퍼부었다.

"저리로 가, 제발 가라고!"

알타반이 다시 소리를 질렀지만, 그럴수록 꿀을 지키기는커녕 벌들의 공격에 더 노출될 뿐이었다. 그는 꿀항아리를 지키기 위해 바니카의 등에 올라타고 빨리 이 위기를 벗어나려고 했다. 그런데 그의 애마 바니카 역시 벌 떼에 포위된 채 이미 여러 곳을 벌에 쏘여 버둥거리고 있었다. 바니카는 몸을 땅에 대고 뒹굴면서 뒷발질을 하며 머리를 마구 흔들어 댔다. 갈기 사이에 들러붙은 벌들을 뿌리치며 그것들의 공격으로부터 자기를 보호하려고 애썼다.

  알타반은 그런 바니카를 제대로 쳐다볼 수가 없었다. 벌들에게 너무 많이 쏘여서 두 눈을 제대로 뜰 수 없었기 때문이었다. 그의 오른손은 꿀항아리를 여전히 꼭 붙잡고 있었지만, 수많은 벌들이 들러붙어 있는 그의 손은 마치 끓는 물 속에 있는 듯한 느낌이었다.

말할 것도 없이, 알타반은 화가 나기보다는 슬프다는 생각밖에 들지 않았다.

"그래, 차라리 날 잡아먹어! 나를 산 채로 잡아먹으라고!"

그렇게 말하면서 알타반의 마음은 너무나 슬펐다. 퉁퉁 부어오른 두 눈이 허락한다면 그냥 주저앉아서 엉엉 울고 싶었다. 하지만 두 눈은 그것도 허락하지 않았다. 부어오른 눈꺼풀에는 이미 너무 많은 벌침이 박혀 있었다. 꼼짝하지 않고 가만히 있는 것 외에 그가 할 수 있는 일은 없었다. 점점 심해져 오는 신체의 고통, 그에 따르는 마음의 슬픔, 캄캄한 어둠 가운데 온 세상이 태양과 함께 가라앉는 듯했다.

알타반은 그 자리에 앉은 채로, 누구도 이런 비참 가운데 있는 자신을 쳐다보지 않기를 바라고 있었다. 벌 떼의 공격이 가라앉으면 어딘가로 도망친 바니카가 다시 돌아오리라고 생각했다. 사실 바니카는 이제 그가 가지고 있는 유일한 모든 것이었다. 그의 마음 속에는 원망 외에는 아무것도 없었다.

알타반은 기억하고 있었다. 그를 긴 여행을 나서게 한 오래된 약속도, 가만히 한자리에 머물지 않고 마치 자신을 인도하듯 계속 움직이던 그 별도, 모든 시대와 장소를 초월해 오늘에 이르기까지 그를 소명으로 이끈 가장 위대하신 왕도, 그를 은근히 무시하고 배려해 주지 않았던 동방에서 왔다는 세 박사들도, 그가 도와주었던 사람들의 더 많은 도움을 요구하는 태도 역시 기억하고 있었다. 그러면서도 알타반은 자기 자신 외에는 누구도 원망하지 않으려고 애를 썼다.

어느 때에나 두 눈이 다시 한 번 작은 틈이라도

열어 주어서 떠오르는 태양의 밝은 빛을 볼 수 있을지, 그는 알 수 없었다. 그 자신을 둘러싸고 있는 주위는 온통 어둠에 잠겨 있었고, 그런 나날들과 밤들이, 고열과 슬픔 속에 있는 그를 모르는 척 내버려 두었다. 그가 다시 세상을 향해 눈을 떴을 때는, 벌들이 그를 공격하기 전과 별로 다르지 않았다. 그때처럼 바니카는 가까이에서 풀을 뜯고 있었다. 하지만 말 안장은 한쪽으로 기울어져 있었고 매달았던 주머니들은 속이 들여다보이는 얕은 물웅덩이처럼 헐렁해져 있었다.

부기가 조금 가라앉은 눈꺼풀을 들어올리며 눈을 깜박일 때 처음으로 알타반의 시선에 잡힌 것은, 벌겋게 부어오른 그의 오른팔이 여전히 놓치지 않고 붙잡고 있는 꿀항아리가 아주 텅 비어 있다는 사실이었다. 그토록 공격적으로 달려들던 벌떼의 잉잉거리는 소리는 먼 데서도 가까운 데서도 전혀 들리지 않았다.

그 순간 알타반은 코앞도 보이지 않는 어둠 속에 갇힌 것 같은 절망을 느끼며, 어머니가 주신 빈 꿀항아리를 공중으로 높이 내동댕이치고 말았다. 포물선을 그리며 날아가다가 바닥으로 떨어진 꿀항아리는 바위에 부딪쳐 산산조각이 나 버렸다. 겨우 기운을 내어 일어난 알타반은 비틀거리며 바니카에게 다가가서 반가운 첫 인사 대신 바니카의 엉덩이를 걷어찼다.

알타반은 안장에 올라타자마자 눈물을 흘리면서 그가 맞닥뜨렸던 그 마지막 불행의 현장에서 빠져나가려고 힘차게 말을 달렸다. 그는 자신을 이토록 비참하게 망가뜨린 모든 사람들과 모든 피조물들을 저주하고 싶었다. 그러나 불과 며칠 후 알타반은 바니카 옆에 무릎을 꿇어야 했다. 그는 자신의 절망에 사로잡혀서 여러 날 동안 바니카를 전혀 배려하지 않았고, 그 결과 그의 애마는 지금 병이 들어서 네 발을 땅바닥에 뻗은 채 일어나려고 하지 않았다.

"이제 누가?"

알타반은 마치 푸른 안개에 젖어 있는 듯한 바니카의 깊은 눈을 들여다보면서 말했다.

"누가 나를 나의 별에 데려다줄 건가?

누가 나를 그리운 나의 땅으로 돌아가게 해 줄 것인가?

네가 아니라면 도대체 누구란 말이냐, 나의 친구여!

너의 엉덩이를 걷어찬 것에 대하여 진심으로 사과하고 싶다.

사실은 이렇게도 못난 나 자신에게 한 발길질이었어.

맞아, 바로 그런 의미였어.

제발 나를 믿어 다오, 너를 향한 나의 우정을!"

바니카는 마치 고향 땅 드넓은 목초지의 건초 냄새라도 맡는 듯 어기적거리면서 콧구멍을 벌름거렸다. 그러고는 이내 머리가 뻣뻣해지더니 네 다리를 땅바닥에 대고 완전히 쭉 뻗었다. 고삐에서 '딱' 하는 소리가 났다.

"그래, 너는 대답할 수 없겠지!"

"그러나 나는 알고 있어.

그렇지만 이렇게 내가 너에게 사정사정한다고

72

해서

네가 그렇게까지 나를 비웃을 필요는 없잖아?"

알타반에게는 바니카가 마치 이빨을 드러내며 웃는 것처럼 보였던 것이다.

하지만 애마 바니카는 이미 숨을 거둔 뒤였다.

이 일이 그에게 닥쳤을 때, 알타반은 오랫동안 네 발 달린 친구 옆에 떠나지 않았다. 옆에 머물러 있으면서 점점 더 뻣뻣하게 굳어 가는 바니카의 목을 주물러 주다가 덥수룩한 갈기를 손으로 빗어 주기도 했다. 알타반은 바니카의 이마를 덮고 있는 두꺼운 커튼 같은 갈기를 한쪽으로 밀쳐 버리고, 죽은 친구의 눈을 한번쯤은 깊게 들여다보고 싶었다. 하지만 그는 생기가 사라져 버린 낯선 어둠 같은 눈동자를 오래 들여다볼 자신이 없었다. 그가 할 수 있는 것은 이전까지 익숙하게 받아들였던 바니카의 짓궂은 반항과 호기심, 그리고 충직한 인내를 회상하는 것뿐이었다.

그는 바니카의 곱슬머리를 가지런히 정돈해 준 다음 죽은 친구의 무덤 위에 쌓아 놓을 돌들을 여기저기에서 모으느라고 몇 시간 동안 노동을 해야 했다. 야생 동물들이 바니카의 영면을 함부로 방해하지 못하도록 하기 위해서 말이다. 그는 차갑게 식어 가는 바니카의 옆구리 쪽부터 크고 작은 돌들을 조심스럽게 쌓아올리면서, 그 돌들이 완전히 바니카를 덮을 때까지 거듭해서 미안하다고 사과했다. 그런 다음 알타반은 바니카의 돌무덤 옆에 앉아서 별이 떠오르기를 기다렸다.

밤이 시작된 지 한 시간, 두 시간, 세 시간, 네 시간이 지나도 그 별은 떠오르지 않았다. 알타반은 할 수 있는 한 눈을 크게 뜨고 하늘을 쳐다보았다.

눈을 크게 뜨려 하면 할수록 불어오는 바람 때문에 눈이 시큰거리면서 눈물이 흘러내렸다. 그래서 알타반은 바람을 꾸짖기까지 했다. 결국 알타반은 자정이 지난 다음에야 자리에서 일어나 그곳을 벗어나서 어둠 속으로 길을 재촉했다. 하지만 그가 아무리 빨리 뛰고 걷는다 해도 바니카 만큼 빠를 수는 없었다. 이제 그는 확실히 여행이 아주 오래 걸릴 것임을 깨닫고 있었다.

그런데 그의 고난은 거기서 끝나지 않았다. 바니카가 죽은 이후 그 별은 처음으로 새벽녘에 나타났는데, 다음부터는 계속해서 새벽녘이 되어야 비로소 보이곤 했다.

"저기 보인다!"

하지만 그 별이 남쪽 지평선 근처에서 보이는 시간은, 비록 알타반은 그것을 인정하지 않으려고 했지만, 점점 더 짧아져 갔다. 이제는 별의 꼬리가 더이상 창공에 길게 걸리지 않게 되었다. 그러더니 어느날인가 마치 멀지 않은 남쪽 어딘가의 땅 위에 잇닿아 있는 것처럼 보였다.

"바로 저기, 바로 저기야!"

알타반은 별이 잇닿아 있는 듯 보이는 그곳을 향해 밤새도록 뛰었다. 그 소리에 놀라 여기저기서 겁먹은 개들이 울부짖었고, 경비원들과 야경꾼들은 또 무슨 일인가 하여 잠시 멈칫거렸다.

배고픈 사람들에게 먹을 것을 주고, 벌거벗은 자에게 옷을 입히고, 갇힌 자에게 자유를 주기 위해 가진 바 모든 것을 쏟아부었는데, 결국 자기 자신의 불행한 눈물을 거두는 씨앗을 뿌리는 데 지나지 않았다는 말인가? 알타반은 이제 자조 섞인 씁쓸한 미소를 더이상 감출 수 없었다.

'이 모든 게 결국 한낱 거지 여인의 마음의 왕이 되기 위한 것이었다니,

하하!

그에 대해서라면 나는 사실 언젠가 우쭐했던 적이 있었지.

나는 바보인 게 틀림없어!

하지만 무엇보다도 이제는 너무 늦어버렸다는 거야.

누가 봐도 틀림없이 거지꼴이 되어 버렸으니, 제때 도착한다 한들 이런 꼴인 나를 새 왕께 경배하도록 허락할 리가 없지!'

얼마 지나지 않아 그의 인생에서 가장 긴 밤이

찾아왔다.

 그 밤에, 기다리던 별은 결국 나타나지 않았는데, 구름 한 점 없는 청명한 하늘에는 캄캄한 어둠만이 가득 차 있었다. 알타반은 밤이 시작될 때부터 동이 터 오는 새벽까지 한쪽 구석에서 하염없이 하늘을 쳐다보았다. 그리고 낮에는 쉬지 않고 걸었다. 이제는 하늘의 인도함을 받는 것이 아니라 자기 자신의 판단에 의지해서 걸어야 했다. 다음날 밤에도 그 다음날 밤에도 그는 헛되이 밤새 하늘을 응시하다가 이른 아침이 되면 마구간으로 가서 거기서 부족한 잠을 잤다. 외양간에 깔린 짚들은 따뜻했는데, 그곳에서 밤을 보낸 짐승들의 온기 때문이었다. 이런 상황에서도 알타반은 자신에게 따뜻한 잠자리를 준비하여 주신 하나님께 감사했다.

 별이 더이상 빛나지 않는 그날 밤부터, 알타반

은 사실 일종의 부랑자 신세로 전락했다 해도 지나친 말이 아니었다. 그는 밤낮으로 걷고 또 걸었다. 낮에도 밤에도 그는 걸어야만 했는데, 때로는 마음에 희망을 품고서 때로는 절망과 비애와 오기에 가득 찬 채로 걸었다. 그에게는 더이상 추구해야 할 올바른 목표가 없었다. 그의 영혼 가운데 품었던 목표가 희미해지면 질수록, 알타반은 자신의 불행과 세상 일에 더 마음이 끌렸다. 동서고금을 통틀어 가장 뛰어난 사람이라 하더라도 자신이 맞닥뜨린 이런 극심한 불행감에서 헤어나오기란 쉽지 않았을 것이다. 알타반 역시 여느 사람들과 다르지 않았다.

어느날 아침 그는 마침내 바다에 이르렀다. 저 광활한 초원과 삼림 지대를 지나 도달한 곳은 이전에는 결코 보지 못했던 참으로 아름다운 항구 도시였다. 동이 터 오는 이른 아침부터 알타반은 해변이 내려다보이는 낮은 구릉에 앉아, 붉은 아침

햇살이 긴 백사장에 여기저기 흩어져 있는 조개 파편과 함께 은빛 파도 속에서 부서지는 것을 지켜보고 있었다.

'오오!

만약에 내가 아직도 그 진주들을 가지고 있었더라면,

그 빛나는 진주들을 파도가 부서지는 이 바다에서 꺼내 볼 수 있었다면 얼마나 아름다웠을까!

나는 얼마나 더 행복했을까!'

그 순간, 알타반은 매우 난폭한 한 장면을 목격해야만 했다. 정박해 있던 갤리선 하나가 출항할 준비를 마쳤는데, 한 사람이 부족했다. 바로 노를 저어야 할 사람 하나가 죽고 말았던 것이다. 그 사람은 갤리선의 선주에게 큰 빚을 졌는데, 빚을 청산할 때까지 그 배에서 자신의 두 팔로 노를 젓도록 재판관의 판결을 받은 사람이었다.

그렇지만 그 남자의 팔은 갤리선의 노를 저을 만큼 충분히 강하지 않았던 것 같았다. 배가 이 항구에 도착하기도 전에, 선원들이 그의 시신을 바다에 던져야만 했다고 한다. 그런데 이제, 여기, 선주와 그의 하인들이, 죽은 그 사람의 아직 성인이 되지 않은 아들을 끌고 왔던 것이다.

그래서 아직 미성년인 그 아들이 아버지의 사슬에 대신 묶여야만 했다. 그때 아직 젊은 그의 어머니가 선주에게 와서 자비를 베풀어 줄 것을 애원하였다. 그러자 선주는 빚을 갚든지 아니면 아버지 대신 그 아들에게 족쇄를 채우든지 그 외에는 아무것도 알고 싶지 않다고 무정하게 대답했다.

그들과 조금 떨어진 곳에서 알타반은 마음이 분노와 번민으로 가득 찬 채 그들을 바라보았다. 아직 젊고 아름다운 과부 어머니가 미성년 아들 때문에 애통해하는 것을 볼 때, 그의 마음은 찢어지는 듯 아팠다. 아들 역시 머지않아 아버지를 뒤따라 죽고 말 것이 틀림없어 보였다.

그것을 아는 어머니가 선주에게, 아들을 데려가 버리면 자신의 생명줄도 함께 끊어진다고 애원하는 동안, 아들은 도살장으로 끌려가는 한 마리 양처럼 누구의 도움도 받지 못한 채 그저 가만히 서 있을 뿐이었다. 그 아들은 울부짖는 어머니와 고약한 폭군들을 번갈아 쳐다보고 있었다.

"그렇다면 어서 빚이나 갚으시오!

당신들이 이미 먹어 치운 그것 말이오!"

선주는 잔인하게 소리치며 윽박질렀다.

"아니면 아들 대신 당신이 직접 오는 것도 좋겠지? 그것도 재미있을 것 같군!"

알타반은 그 젊은 과부를 바라보았다. 그 순간 그는 고향 땅의 여러 처녀들을 마음 속에 떠올렸다. 그녀들은 아름다웠고, 그는 늘 기꺼운 마음으로 그녀들을 바라보았지만, 단 한 번도 그녀들 가운데 누구에게도 청혼한 적이 없었다.

지금 그는 상상하고 있었다.

'온유하고 신실한 젊은 여인과 함께 산다는 것은 얼마나 아름다운 삶일까!'

결국 욕심 많은 선주는 소년을 배에 태우고 그에게 족쇄를 채우라고 명령했고, 이 일은 서둘러

진행되고 있었다. 마침 출항하기에 아주 유리한 아침 바람이 불어오고 있었다. 그제야 알타반은 앉아 있던 자리에서 일어나 그들에게 가까이 다가갔다. 그들 가운데 우뚝 서서 알타반은 선주에게 도발적인 시선을 보냈다. 그러고는 자신이 그 소년 대신 노를 젓겠다고 말했다.

그가 처음으로 대면한 것은 경멸하는 듯한 웃음소리였다. 선주는 마치 도축자가 한 마리 가축을 도살하라는 지시를 받았을 때처럼, 몸값이라도 매기려는 듯한 시선으로 알타반을 쳐다보았다.

"오호!

감히 그러겠다고?

세 번은 신중히 생각해 보는 게 좋을 걸.

전임자의 술값 등 그 빚을 마지막 동전 한 잎까지 청산하려면,

여행이 그렇게 쉽게 빨리 끝나지는 않을 텐데.

게다가 반항적인 눈초리를 가진 사람에게는 때때로 웃돈까지 얹어 주는 것이 인지상정!

어쨌든, 당신만 괜찮다면 상관없소."

선주가 말했다.

선주는 한눈에 미성년인 소년보다는 알타반이 노를 더 잘 저을 것이라는 사실을 알아보았던 것이었다.

알타반이 젊은 미망인을 바라보았을 때, 그녀의 눈은 한편으로는 당황스러움과 함께 다른 한편으

로는 희망이 차오르고 있었다. 알타반은 아름다운 그녀를 주시하였다. 아들을 살릴 수 있다는 희망에 부풀어올라, 양볼에 흐르는 눈물과 함께 두 눈을 반짝이고 있는 그녀는 정말 아름다워 보였다. 알타반은 만약 자신의 삶에 충분한 희망이 남아 있다면, 평생 그녀를 사랑하고 싶었다.

"부디 그 모습 그대로 있어 줘요."

알타반은 작은 목소리로 중얼거렸다. 그런 다음 돌아서서 배에 올라탔고 이내 배 밑으로 끌려갔다. 감독관은 그의 발목에 차가운 족쇄에 채웠다.

이제 알타반의 생애 가운데 가장 길고도 잔인했던 시간, 거의 30년 가까운 고통의 세월이 시작되려 하고 있었다. 그것도 갤리선에서의 30년 세월이라니! 알타반은 젊은 미망인의 어린 아들을 대신하여, 죽은 그의 아버지의 사슬에 기꺼이 자신이 묶이기를 허락했다. 그러면서도 그 소년의 죽은 아버지가 얼마나 많은 빚을 졌는지, 그 빚을 다 청산하기까지 얼마나 오랫동안 갤리선의 노를 저어야 하는지, 그는 전혀 묻지 않았고, 따지지도 않았다.

비로소 쇠사슬이 그의 발목을 꽉 조여 오자 처음으로 그에 대해 물었는데, 돌아온 대답은 처음부터 마지막까지 한결같았다.

"아직은 한참 멀었소!"

"아직 한참 남았다니까!"

이런 대답은 그를 너무나 힘들게 했다. 자신의 무지함 때문에 또는 타인의 간계에 속아 생의 종말을 맞을 만큼 궁지에 몰린 사람들에게 갤리선은 정말 힘든 노동의 현장이었다. 그곳에는 온 세상 쓰레기와 같은 사람들이 모두 모여 있는 것 같았다. 그 지긋지긋한 30년 동안 알타반은 두 번 탈출을 시도했지만 그때마다 실패해서 붙잡혔다. 왜냐하면 오랫동안 족쇄에 묶여 있어서 쇠약해진 다리로 인하여 빨리 뛸 수 없었던 것이다.

두 번의 탈출 시도 때문에 그가 일해야 하는 기간은 더 늘어났다. 죽은 자의 빚을 대신 갚는 데 요

구되는 시간이란 단지 하나의 평계에 불과했다. 불행한 동료들 사이에서 활개치는 불의와 거짓말과 폭력에 직면할 때마다 알타반은 항의와 비판을 멈추지 않았고, 그때마다 소위 '위약금'이라는 것을 물어야 했다. 위약금이란 알타반이 그날 아침 낯선 항구에서 갤리선에 오를 때, 젊은 미망인이 보는 앞에서, 그의 반항적인 시선에 대해 선주가 예언했던 일종의 벌금이었다.

그렇게 짧지 않은 세월이 흘러갔다. 알타반이 배에 올랐던 그때의 선주도 세상을 떠났다. 이제 부지런하기는 하지만 감당하기 쉽지 않은 노 젓는 일꾼 알타반은 선주의 아들에게 넘겨졌다. 시간이 많이 지나면서 갤리선 감독자들도 여러 번 바뀌었으므로, 알타반이 다른 이를 대신하여 쇠사슬에 묶인 채 노를 젓게 되었다는 것을 기억하는 사람은 아무도 없었다.

또한 죽은 자의 빚을 청산할 때까지 그 일을 계속해야 한다는 사실을 기억하는 사람 역시 없었다. 선주의 죽음과 함께 그 사실은 차츰 잊혀져 갔고, 결국 알타반은 배의 부속품과 다를 바 없는 존재가 되고 말았다. 이러한 현실이 그에게는 가장 힘들고 참기 어려운 일이었다. 잊혀진다는 것은 그 자체로 이미 인간으로 존재한다는 의미를 상실해 버렸다는 뜻이기 때문이다.

그때로부터 알타반은 급속히 스스로의 존재감을 잃어 가기 시작했다. 그러더니 마침내 그림자만 남은 것 같은 존재가 되고 말았다. 수척해진 얼굴에 움푹 들어간 눈으로 뭔가를 멍하니 응시하고 있을 때는, 과연 그가 무엇을 바라보고 있는지 심지어 그가 살아 있기는 한 것인지조차도 분간하기가 쉽지 않았다.

날이 가면 갈수록 그의 눈빛은 마치 오래 전 어

느날 아침에 죽은 바니카의 큰 눈에서 볼 수 있었던 무언가와 비슷해 보였다. 당시 그 자신도 몹시 견디기 힘들어했던 바로 그 눈빛을 말이다. 다른 사람들은 미처 알아차리지 못했을지 모르지만, 알타반은 무언가를 보고 있었고, 그 속에서 살고 있었고, 그리고 그저 그 안에 갇혀 있었다.

아주 오래 전 그 별을 좇아서 정든 고향을 떠나왔던 알타반은 밤이 되면 그 별을 쳐다보고 또 쳐다보았다. 그는 심지어 낮에도 그 별을 쳐다보고 있었다. 대낮에도 마치 깊은 우물에 잠긴 것처럼, 그의 주위는 그 별을 볼 수 있을 정도로 어둠에 둘러싸여 있었다.

하지만 타는 듯한 더위에 갑판 아래에서 노를 젓고 있는 알타반을 둘러싼 어둠이 아무리 견고하다 할지라도, 그 별의 광채로 말미암아 전혀 힘을 발휘하지 못하고 있었다. 알타반은 지난날 자신이 달려왔던 모든 길들을, 그리고 무엇보다도 동방의 낯선 땅에서 왔다는 그 세 사람이 그에게 '왜 낯선 땅에 눈물을 뿌리는지' 물었던 그날 아침을 머리에 떠올렸다.

'물론 나는 여전히 웃음을 잃어버리지 않고 있습니다!'

그는 바보같은 대답을 했었다.

그렇지만 사실 그는 웃음을 잃은 지 오래였다. 필요로 하는 사람들에게 그가 아낌 없이 내주었던 진주, 황금, 보석들, 고급 모피와 질 좋은 아마포처럼, 그 웃음도 역시 어디론가 사라지고 말았다. 그 거지 여인이 말했던, 마음으로 기다리고 준비한다던 왕국도, 알타반은 이제 더는 믿고 소망하기 어려운 지경이 되고 말았다. 말로는 표현할 수 없는 회한으로 지난 세월이 그에게 다가왔다. 그는 모든 것을 탕진하였고, 모든 것을 헛되이 소모해 버렸다고 스스로 생각했다.

지금은 전능하신 위대한 왕의 신하가 될 수 있는 자격을 잃어버린 것은 말할 것도 없고, 심지어 사랑하는 고향 땅의 비록 작지만 영주로서의 권위를 지키는 것도 그에게는 전혀 상상할 수 없는 일이 되어버리고 말았다. 이미 오래 전에 다른 누군가가 그를 대신해 그 자리를 차지했을 것이며, 이제 자신은 사람들의 뇌리에서 지워져 버렸을 것이 분명했다.

그렇지만 해가 지날수록 점점 더 부풀어오르는 의문이 하나 있었다. 그것은 모든 것을 버리고 위대한 왕을 경배하러 길을 떠났던 자신을 포함해서, 이 갤리선 안에서 비참한 삶에 시달리는 이 사람들이 실감할 수 있는 기쁜 소식이 왜 아직도 들려오지 않는가에 대한 의문이었다. 그 가장 크고 위대하신 왕의 통치가 시작되었다면 이 모든 고통과 슬픔도 이제 그만 그쳐야 할 때가 된 것이 아닐까?

알타반은 그 젊고 아름다운 미망인을 생각해 보았다. 사실 그는 그녀로 인하여 갤리선의 노 젓는 사람이 되기로 마음먹은 것이나 마찬가지였다. 이미 오래 된 자신의 그러한 결정은, 그 소년의 불행한 삶을 누그러뜨리기 위한 것이 아니라, 어머니였던 그 여인을 향해 자기도 모르게 불붙듯 일어났던 사랑을 과시하기 위한 표현이었다는 것을 확실히 깨달았다. 그 순간 환한 그 별빛이 자신의 얼굴을 비추어서 밝게 드러나게 했다는 것을 그는 알아차렸다. 그래서 이제 그는 자신의 마음을 숨길 이유도 후회할 필요도 전혀 없다고 생각했다.

지금 그녀는 어디에 살고 있을까? 그녀는 분명히 오래 전에 그를 잊었을 것이고, 갑자기 나타났던 이 낯선 남자를 잠시도 생각하지 않은 채 자신을 부양해 줄 다른 남자를 만나서 행복하게 살고 있으리라. 마치 거지 여인이, 마굿간에서 만난 그녀에게 도움을 베풀었던 좋은 남자에게 마음을 주었듯이, 그리고 그 마음의 왕국을 약속한 다음에 다시 그 약속을 어겼을지 몰라도, 알타반은 그 젊은 미망인에게 자신의 왕국을 바치고 말았다. 그녀를 향한 이런저런 생각으로 알타반은 30년 이상의 세월을 밤낮없이 보냈던 것이다.

노를 젓던 강인한 가슴은 쪼그라들었고, 호흡은 마치 구멍 난 풀무에서 힘들게 뿜어져 나오는 것처럼 거칠었다. 먼저 귀밑머리가 잿빛으로 바래지더니 이제는 아예 머리카락 전체가 하얗게 물들어 가고 있었다. 깊이를 알 수 없는 동굴처럼 눈동자는 깊숙이 가라앉았고, 피부는 무거운 쇠사슬 때문인지 점점 탄력을 잃어 가다가 결국은 가죽만 앙상하게 남고 말았다.

그러던 어느날,

마침내 알타반이 강요된 노동의 현장인 갤리선에서 풀려나게 되었을 때는, 몇 사람이 그를 들어서 육지로 옮겨야만 했다. 그는 더이상 갤리선의 노를 젓는 자리에 적합한 사람이 아니었고, 그저 죽는 날만 기다리는 한 늙은이에 지나지 않았다. 그런데 알타반이 다른 사람들의 도움을 받아 가까스로 육지에 발을 내디딘 항구는, 30년 전 그가 갤리선에 올라 스스로를 쇠사슬에 묶도록 허락한 바로 그 항구였던 것이다.

30년 만에 땅을 밟은 알타반은 홀로 몇 시간이나, 항구에 들이치는 파도를 막기 위해 바닷가에 세워 놓은 돌기둥들 중 하나에 기댄 채, 시원하게 불어오는 바람에 자신을 내맡기고 있었다. 30년 동안 자신을 고통스럽게 했던 갑판 밑의 숨막히는 그 열기를 뒤로하고, 불어오는 시원한 바람 앞에서 있는 그의 심정은 뭐라고 표현할 수 없을 정도로 이율배반적인 것이었다. 후련한 듯하면서도 뭔가 허망하고 무력한 느낌이랄까, 달콤한 맛과 시큼한 냄새가 뒤섞인 것 같은……!

 비로소 알타반은 바다의 살인적 잔인성을 알게 되었다고 말할 수 있다. 이제 바다의 미소가 아무리 달콤하다 해도 더이상 그를 유혹할 수는 없으리라. 그가 계속 일어나지 않으려니까 항구에서 어슬렁거리던 개들이 그의 곁에 와 주변을 왔다 갔다 하더니 킁킁거리며 냄새를 맡기도 했다. 심지어 어떤 개들은 앉아 있는 알타반의 뒤쪽에 제 다리를 들어올리고 오줌을 누기도 했다. 그렇지만 그는 개들을 쫓아내지 않았다. 무엇보다도 먼저 자신의 삶의 원동력을 되찾아야만 했다. 그러는 사이에 그는 잠깐씩이나마 몇 차례나 잠에 빠져들었다.

알타반은 자기 발로 직접 걸어서 항구를 떠날 수 있을 거라고는 생각하지 않았다. 이미 뒤틀려서 굳어진 발이, 자신의 체중을 감당할 수 있을 만큼 그렇게 빨리 회복될 것 같지 않았기 때문이다. 그는 지난 수년간 거의 발을 사용하지 않았었다. 하지만 어쨌든 알타반은 여기 누운 채 이대로 영원히 잠들어 버린다고 해도 더이상은 아무 것도 바랄 것이 없다고 생각했다.

해가 지고 아름다운 노을이 가까이 다가오고 있을 때, 겉보기에도 매우 부유하고 교양 있어 보이는 어떤 사람이 바닷가를 거닐다가 그의 곁에 멈추어 섰다. 그는 한참 동안 알타반을 눈여겨보더니 어디에서 왔느냐고 물었다. 알타반은 단지 손을 들어 바다를 가리켰다. 그는 사실 아무 말도 하고 싶지 않았던 것이다.

"갤리선에서 풀려났소?"

그 남자는 진저리치듯 몸을 약간 떨며 물었다. 30년 동안 쇠사슬에 묶여 있어서 가죽만 남아 있는, 흉터가 가득한 발목을 그는 그냥 지나치지 않았다. 알타반은 그저 고개를 끄덕였다.

"예, 바로 오늘."

그가 할 수 있는 가장 긴 문장이었다.

"혼자 걸을 수 있겠소?"

그 남자가 물었다. 알타반은 겸연쩍은 미소를 지으며 고개를 갸우뚱거렸다.

걸을 수 없다는 뜻이었다.

"들것을 가져오너라!"

1므

그 사람은 자신의 뒤를 따르던 하인들에게 지시했다. 그러자 곧 두 사람이 들것을 가지러 갔고, 한 사람은 그의 곁에 남아 있었다. 그는 계속해서 말했다.

"오늘부터, 당신은 나와 함께 내 집에 거하게 될 것이오.

당신이 건강을 회복할 때까지 말이오."

알타반은 그가 한 말을 곧이곧대로 믿을 수가 없었다. 그는 이 낯선 사람에게 감사하다고 말하고 싶었지만, 미처 한 단어도 입술 밖으로 내보내기 전에 그 사람은 이렇게 말했다.

"나에게 고마워할 필요는 없소!

당신이 감사를 표할 수 있는 분은 더이상 이 세

상에 살아 계시지 않기 때문이오.

그분은 바로 나의 어머니라오.

어머니는, 갤리선에서 풀려난 모든 사람이 새 힘을 얻어 회복될 때까지 내가 함께 살면서,

보살펴 주어야 한다는 유언을 남기셨단 말이오.

그런데 나는 지금까지 한번도 어머니의 그 유언을 제대로 들어드릴 수가 없었소."

그는 다소 굳은 표정으로 다시 말했다.

"그렇지만 나는 어머니의 유언을 제대로 들어드리기 위해 계속 노력할 작정이오.

갤리선 밖으로 쫓겨난 자들은 대부분 고약한 부

랑자들이라오.

 그런 사람들은 내 집에서 정상적으로 생활하는 것보다 차라리 감옥에서 지내는 것을 더 낫다고 여기는 것 같소.

 그렇지만……

 내 어머니께서 말씀하시기를, 언젠가 정말 선한 어떤 사람이 스스로 갤리선에 오르는 것을 보았다는 것이오.

 그 사람 때문에 어머니는 나와 약속을 하신 것이지요.

 그리고 나는 어머니와의 그 약속을 지킬 생각이라오.

만약 당신이 내가 앞서 만난 사람들과 다른 사람이라면,

그로 인해 나는 어머니의 기억을 비로소 신뢰하고 존중할 수 있을 것이며,

그녀가 품었던 그 다정다감한 마음이 결코 어리석은 것이 아니었다고 여길 것이오.

그것이 지금 나의 솔직한 심정이란 말이오."

알타반은 여전히 방파제의 돌기둥에 몸을 기댄 채, 아무 말 없이 그 남자를 바라보고 있었다. 그렇지만 30년 전 그날 아침의 그 생생한 기억들이 지금 그를 압도하고 있었다. 알타반은 자기 앞에 서 있는 남자의 얼굴을 찬찬히 살펴보았다. 당시 그 소년은 도살장으로 끌려가는 양처럼 누구의 도움도 받지 못한 채 묵묵히 서 있지 않았던가! 참으로

무력하기 짝이 없었던 그 옛적의 모습들을 머리에 떠올렸다. 그는 가만히 고개를 끄덕이며 혼잣말로 중얼거렸다.

'그래, 그랬었구려.

바로 당신의 어머니였구려.

내가 바로……'

하지만 알타반은 굳이 그러한 사실을 말하지 않았다. 자신의 정체를 밝히고 싶지 않았던 것이다.

'나 역시 당시의 그 일을 몇 번이나 생각하고 또 생각했었소.

너무나 힘들고 고통스러웠던 지난 30년 동안 나는 항상 그 일을 기억하며, 절대로 잊어버린 적이

없었다오.'

그는 그렇게 말하고도 싶었다.

"나는 당신의 그 선한 어머니에게 진심으로 감사하고 있답니다.

당신은 그녀의 아들들 가운데 한 분이겠군요. 혹시 장남이신가요?"

그 낯선 남자는 고개를 끄덕였다.

"그렇소."

"큰아들 역할을 제대로 하기가 그리 쉽지 않았겠군요."

그 순간 알타반은 그 남자에게 사실을 밝히고

싶은 유혹을 다행히도 중단할 수 있었다. 그때 들 것을 가지러 갔던 두 하인이 돌아왔기 때문이었다. 그는 하인들이 자신을 들것 위로 옮기는 손길에도 고통스러운 신음 소리를 흘려야 했다.

그날 이후 알타반은 그 부유한 상인의 집에서 함께 살게 되었다. 그렇지만 그 상인은, 자신이 어머니의 유언을 할 수 없이 지키고 있으며 억지로 이 일을 한다는 것을 전혀 감추려 하지 않았다.

그는 자신의 선한 일에 동참할 사람이, 최소한 그 가치를 알고 기꺼이 지지해 줄 사람이, 그것도 갤리선을 탔던 사람들 중에는 한 사람도 없을 거라고 믿는 것 같았다. 그런 인간들이야말로 갤리선의 노를 젓는 자리에서 감옥으로, 감옥에서 곧바로 저주스러운 죽음의 자리로 직행해야 한다고 생각하는지도 몰랐다.

이 부자 상인은 매우 엄격한 사람이었다. 그의 인간관계는 결코 폭넓다고 할 수 없었다. 어린 시절, 젊은 나이에 세상을 떠난 아버지가 남기고 간 빚 때문에 시달려야 했던 그는, 어떻게든 성공하기 위하여 갖은 애를 다 써야만 했다. 그의 큰 성공과 함께 이룩한 부는, 자신의 아버지가 갤리선에서 죽어 가야만 했다는 사실을 말하지 못하도록 주변 사람들의 입을 꽉 틀어막고 있었다.

그러한 모든 이야기를 알타반은 그의 하인들과 이웃으로부터 전해 들을 수 있었다. 그는 자신의 어머니가 그에게 남기고자 했던 유언을 지키려고 노력했다. 그것은 사실이었다. 그러는 사이에 알타반은 본채에서 조금 떨어진 자신의 숙소에서 그림자처럼 조용히 거주했고, 아주 천천히 기력을 되찾을 수 있었다.

언제든지 알타반은 자신의 생생한 과거를 결코

잊은 적이 없었다. 지금은 세상에 없는 그녀로 인해 제 발로 갤리선에 올라 스스로 쇠사슬에 묶였던 그 일을 어찌 잊을 수 있을까. 그리고 그가 따라갔던 그 별과 그 위대하신 왕을 여전히 마음 속에 간직하고 있었다. 그러므로 그 위대하신 왕께서 지금은 과연 어떻게 되었을지 자못 궁금한 마음을 금할 수 없었다.

"당신은 예외에 속하는 사람이었군요."

알타반이 감사의 인사를 하며 작별을 고하려 할 때, 부자는 잠시 뜸을 들이며 주저하듯이 인정하였다.

그래도 미심쩍다는 듯이 그는 덧붙였다.

"그러나 만약 당신이 다른 사람들보다 조금 더 세련되게 처신을 한 것뿐이라면 그것이 드러나지 않기를 바랄 뿐이오."

"하지만 나는 진심으로 당신이 예외에 속하는 사람이기를 바라고 있어요.

내 어머니를 위해서라도 그렇기를 바랄 따름입니다."

이에 알타반은 마치 호응이라도 하는 듯이 대답했다.

"나 역시 같은 생각이라오.

어머니를 향한 당신의 추억을 진심으로 축복하고 싶소!"

순간 부자 상인은 알타반과 눈을 마주치며 조금 당황했다.

그는 사실 그런 말이 알타반에게서 나오리라고는 전혀 기대하지 않았다.

알타반은 그를 향한 시선을 옆으로 돌리고, 무슨 급한 일이라도 있다는 듯이 서둘러 길을 떠났다.

그는 자신의 볼에 흘러내리는 눈물을 보이고 싶지 않았던 것이다.

갤리선에서 노를 젓는 일이 그의 일상이 되기 전, 아직도 희망을 버리지 않고 마지막으로 별을 좇아 달렸던 그 길로, 알타반은 다시 걸어나갔다. 여전히 지금도 기억하고 있는 곳, 그가 따라간 별이 마지막으로 빛을 발하였고, 그 별의 황금빛 긴 꼬리가 마치 땅에 잇닿은 듯 보였던 그 현장을 그는 생생히 떠올리고 있었다.

 오래 된 습관이 되살아난 것처럼 그는 무의식적으로 한 방향으로 걸어가고 있었다. 30년이라는 긴 시간이 지났지만 그는 제대로 길을 찾은 것 같았다. 그런데 그 길에 얼마나 많은 사람들이 붐비고 있는지, 그는 놀라지 않을 수 없었다. 이곳을 찾는 사람들이 예전보다 훨씬 더 많아졌든지, 아니면 이 길을 통하여 남쪽으로 이어지는 곳에 특별히 매력적인 어떤 목적지가 있는 것이 틀림없었다.

알타반은 거리를 오가는 사람들을 찬찬히 살펴보았다. 그리고 그들이 단순히 지나가는 사람들이 아니라는 사실을 금방 알아차렸다. 그들 대부분은 화창한 봄 날씨가 좋아 나들이 삼아서 가족들과 함께 나온 평범한 사람들이었다. 그들은 남쪽의 이웃 성읍에서 열리는 축제에 참여하기 위해 발걸음을 옮기고 있었다. 물론 곧 시작될 축제 참가자들의 물결 속에는, 축제의 즐거움이 넘쳐나는 곳이면 어디든 모습을 드러내는 걸인들과 광대들, 장사꾼들도 심심치 않게 볼 수 있었다.

알타반도 그들 가운데 섞여들었다. 그는 느릿느릿 힘겹게 걸어가는 남루한 옷차림의 어떤 노인 하나를 앞질러 걸어갔다. 아마도 그 사람은 큰 시장에 가서 어쩌면 생의 마지막이 될지도 모르는 동냥을 하려는 것인지도 모른다. 지금 당장 굶어 죽지 않으려면 벌어야 할 테니까 말이다. 때로는 걸음이 빠르고 행동이 민첩한 사람들이 알타반을 앞질러 가기도 했다. 그럴 때마다 그들은 마치 자기들보다 느린 사람들을 무시하기라도 하는 듯이 휙 지나가 버리곤 했다.

그런데 알타반의 눈에 한 여인의 모습이 들어왔다. 벌써 이틀째였다. 그는 멀리서도 그 여인의 행색을 알아볼 수 있었다. 그녀는 상인이 아니라 걸인인 듯 보였다. 그녀는 몸에 지니고 있는 것이 아무것도 없었다. 그래서 그런지 그녀는 지팡이에 의지하여 걷는 걸음이 제법 재빠른 데가 있었다. 알타반이 빨리 걷든 느리게 걷든 그녀 역시 보조라도 맞춘다는 듯이 빨리 또는 느리게 걸었는데, 그렇지 않았다면 그가 그렇게까지 그녀를 눈여겨

볼 수는 없었으리라.

둘은 거의 비슷한 시간에 걸음을 멈추고 휴식을 취했다. 그러다 보니 비슷한 시간에 비슷한 장소에서 밤을 지내게 되었고, 아침이 오면 또 비슷한 시간에 다시 길을 떠나게 되었던 것이다. 두 사람은 체력도 비슷하고 습관도 비슷하고 그래서 아마 피로감을 느끼는 시기도 비슷한 것 같았다.

사흘째 되는 날, 알타반은 일정한 간격을 두고 자기 앞에서 걸어가는 그녀를 다시 발견할 수 있었다. 그는 참 기이한 일이라고 생각했다. 마치 자신의 그림자가 앞서 가고 있는 것처럼 여겨져서, 자연히 이런저런 생각에 빠져들게 되었다. 문득 마지막 남은 호기심이 자기 안에서 일어나는 것이 느껴졌다. 그녀가 처한 형편이 어떤지 정확히 알고 싶었다. 하지만 그러려면 그녀를 따라잡아야 했고, 그녀의 빠른 발걸음보다 더 빠르게 앞질러 걸어야만 했다.

 그러다가 알타반은 너무 피곤해져서 그만 포기하려고 마음먹었다. 이 풀리지 않는 수수께끼 역시 그냥 자신 안에 묻어 두기로 했다. 그리고 생각했다.

 '아마도 이 모든 것은 단지 꿈에 지나지 않는 것이 분명해!'

 '대부분의 인생은 단지 하나의 운명의 장난일 뿐이고, 사랑도 역시 다르지 않아.'

 '하지만 확실한 것은 그 누구보다도 그녀는 아름다워! 그것이야말로 가장 잔인한 진리이지!'

 다음날 큰 성읍에 아주 가까워진 것을 확실히 알 수 있었다. 왜냐하면 동쪽에서 오는 길과 서쪽에서 오는 길이 만나 하나의 대로를 이루었고, 점점 더 많은 사람들이 몰려들고 있었기 때문이다. 그런데 그들 모두는 남쪽을 향하여 발걸음을 재촉하고 있었다.

혼잡이 심해지자 이제 알타반은 더이상 그 여인을 찾아볼 수 없었다. 그리고 그의 고독감은 깊어졌다. 지난 며칠 동안 익숙해졌었는데 이제는 볼 수 없다고 생각하니 못내 서운했다. 아니, 얼굴도 자세히 본 적이 없었던 그 여인을 더는 볼 수 없다고 생각하니, 사무치게 그리워지는 듯한 느낌이 들었다. 마치 자신의 그림자를 빼앗긴 것 같은 느낌이었다.

알타반은 먼저 휴식을 취하기로 했다. 그리고 과연 여기서 무엇을 해야 좋을지 곰곰 생각해 보았다. 저녁 때가 가까워지자 멀리 네 개의 언덕 위에 지어진 거대한 사원의 둥근 지붕이 햇빛에 반사되어 반짝거리는 것이 보였다. 사람들은 그 광경을 보고 감격 어린 환호를 지르며 찬사를 아끼지 않았다. 그러면서 그들은 어둠이 찾아오기 전에 성 안에 들어가기 위해서 더욱 걸음을 재촉했다. 하지만 알타반은 서두르지 않고 아주 천천히 걸었는데, 솔직히 그는 그 성에 머무르며 밤을 보내고 싶지 않았다.

'그래, 내가 과연 편안한 잠자리를 원했던 적이 있었던가?'

해가 떨어질 때쯤 알타반은 성문 맞은편 언덕 위 울창한 올리브나무의 작은 숲을 바라보고 있었다. 그러더니 큰길에서 벗어나 좁은 길을 헐떡거리며 힘겹게 올라갔다. 그는 올리브나무들 아래든지 또는 정원사들이 쉬는 데가 있다면 거기서 밤을 보낼 수 있으리라고 기대했다.

가까이 다가갈수록 그곳은 옛 고향 같은 푸근함을 느끼게 했다. 하지만 동시에 무언가 그를 불편하게 하는 부분이 있었다. 여기는 아마도 어떤 부자의 정원 또는 농장일지도 모르겠다. 아무튼 빽빽한 나무들이 우거진 이 장소는 제대로 관리되고 있는 것 같았다. 시야를 넓혀서 멀리까지 주변을 이곳저곳 둘러보아도 누군가 있는 듯한 흔적이 없었다.

단 한 번 덤불들 사이로 작은 그림자 하나가 지나가는 것을 언뜻 본 것도 같았지만, 아무런 인기척도 느껴지지 않았고 아무 소리도 들리지 않았다. 모든 것이 그대로였다. 알타반은 그 그림자가 자신과 마찬가지로 타인과 만나는 것을 부담스러워하는 떠돌이일 수도 있겠지만, 어두운 밤에 이런 한적한 곳에서 얼마든지 있을 수 있는 착각일지도 모른다고 생각했다.

어쩌면 관리인이 낮에 사용했을지도 모르는 우물을 발견하자, 알타반 역시 그곳에서 자신의 갈증을 충분히 해소하며 잠시 머물러 있었다. 그런 다음에야 그는 여유를 갖고 주위를 둘러보기 시작했다. 먼 데서 안개처럼 들려오는 소리는 집단으로 연주하는 무슨 트럼펫 소리 같았다. 바람도 잠이 들어 버린 밤 공기는 아주 멀리까지 소리를 전해 주고 있었다.

우물가의 습기를 빨아들이며 자란 관목들 아래서는 모기 떼의 앵앵거리는 소리가 커졌다 작아졌다 하기를 반복하고 있었다. 또한 덤불 속에서 귀뚜라미는 결코 노래를 멈추지 않았다. 알타반은 제법 긴 시간 동안 꼼짝 않고 서서 여기 머물지 아니면 계속 길을 가야 할지 생각을 거듭하고 있었다. 그러나 그는 지금 몹시 피곤했다. 알타반은 평평하고 큰 바위들 사이에 있는 좁은 정원 길을 따라 내려갔다. 넓은 바위를 지붕 삼아 이슬을 피하면서, 깊어 가는 밤을 그곳에서 보내려는 것이다.

그런데 그의 발걸음이 향한 큰 바위 밑에는 이미 머무는 사람이 있었다. 알타반은 깜짝 놀랐다. 그곳에는 한 늙은 여인이 자리를 잡고 있었다. 그녀는 마치 오래 전부터 그곳에 앉아 있던 것처럼 보였다. 돌로 만든 조각상처럼 전혀 움직이지 않았다. 그 순간 알타반은 재빨리 걸음을 돌리려 했다. 하지만 이미 그녀가 자신을 주시하고 있었으므로 그는 그대로 잠시 멈춰 서서 그녀를 바라보았다. 문득 그는 자신이 그녀를 피하려고 했다는 사실이 조금 우습게 여겨졌다. 자기나 그 늙은 여인이나 불청객이기는 마찬가지였기 때문이다. 바람과 조금 더운 날씨에 시달린 늙은 여인이 아닌가? 초저녁의 혼잡을 피해, 그녀 역시 이곳에서 밤을 보내기로 작정했으리라.

알타반은 더이상 그 여인에게 신경을 쓰지 않기

로 했다. 그러고는 평소처럼 쉴 만한 자리를 찾아보았다. 다행히도 등을 대고 누울 수 있는 평평한 바위를 발견했고, 그는 거기 누워 오른팔을 베개 삼아 목을 받친 다음 밤하늘에 떠 있는 무수한 별들을 올려다보았다. 침묵의 시간이 계속되는 동안 그 여인은 이미 깊은 잠에 빠져 있었다.

그런데 잠에서 깨어난 그 여인이 알타반에게 구걸에 대하여 질문을 퍼붓기 시작했다. 그녀는 다소 수다스럽게, 구걸을 하기에는 과연 어떤 자리가 좋은 자리인지, 어떻게 하면 좀 더 많은 동냥을 얻을 수 있는지, 사람들의 동정심을 얻기 위해서 한 번쯤 병든 척 속임수를 쓴 적은 없는지, 그가 생각하기에 걸인에게 가장 엄격한 지방은 어디이며, 어느 곳 주민들이 가장 동정심이 많은지 등을 물었다.

알타반은 그녀의 여러 질문에 대하여 대부분 답

을 알지 못했다. 그녀가 지금까지 경험해 온 것처럼 보이는 일들에 대하여 그는 사실 어떤 경험도 해 본 적이 없었기 때문이었다. 그러는 사이에 그는 너무 피곤한 나머지 깜박 잠이 들고 말았다.

그녀가 얼마나 빨리 깨웠는지는 모르지만, 그녀의 목소리가 잠든 그를 깨웠을 때 사실 알타반은 조금 화가 났다. 그녀는 그가 어디서 왔는지를 알고 싶어했다. 알타반은 불편한 마음을 억누르고 그녀의 질문에 귀를 기울였다. 그들이 앉아 있던 바위틈은 그들의 음성을 더 크게 확장시켰는데, 그 공명 때문에 최소한 세 사람 이상이 대화를 나누고 있는 것처럼 들렸다.

"당신은 어디서 왔나요?"

그는 잠이 덜 깬 상태에서 대답했다.

"아주 멀리서 왔습니다."

그는 오래 전에 자신이 갤리선에 올랐던 일부터, 마지막으로 갤리선에서도 쫓겨나 잠시 머물렀던 그 부자 상인의 집과 그 항구에 대하여 이야기했다.

그녀는 아무 말이 없었다.

그들이 앉아 있는 바위틈은 어둠이 너무 짙어져서 그는 더이상 그녀를 식별할 수 없었다.

"그런데 당신은 어디서 왔습니까?"

알타반이 물었다.

그녀는 금방 대답하지 않았다.

잠시 후, 그녀가 웃음 섞인 목소리로 물었다.

"그렇다면,

당신은 그 무리에 속한 사람이 아니었겠군요?"

"어떤 무리 말이오?"

알타반은 알고 싶었다.

"율법이 시키는 대로, 사람들에게 선한 일을 실천할 수 있는 기회를 제공하는 그런 사람들 말이지요."

알타반에게 이런 식의 표현은 구걸 행위에 대한 매우 과장된 설명으로 받아들여졌다.

그는 단호하게 말했다.

"아닙니다!

나는 그런 무리에 속해 있지 않습니다."

잠시 후 알타반은 다시 말했다.

"그런데 잠깐만요!

잘 생각해 보니 그럴 것도 같군요.

다만 아직까지는 내가 사람들에게 기회를 주려고 하지 않았던 것 같소.

하지만 기회가 주어진다 해도 대부분의 사람들은 항상 비슷한 태도를 보이게 마련이오."

그녀는 어둠 속에서 혼자 낄낄거렸다.

"그들에게 또 다른 무언가를 주지 않으면 안되겠네요."

그녀는 뭔가 가르쳐 주기라도 한다는 듯이 떨리는 음성으로 말했다.

"거지가 사람들에게 무얼 줄 수 있겠소?"

알타반은 조금 의외라고 느끼면서 되물었다.

"그래요."

여인은 대답했다.

"하지만 전혀 아무 것도 줄 수 없을 만큼 가난한 사람은 없답니다.

선행을 베푸는 사람들 역시 뭔가 조금은 돌려받

는 것이 있다는 사실을 무의식적으로나마 깨닫고 있지요.

　사람은 다 똑같아요.

　오직 전능하신 하나님만이 아무 대가를 바라지 않고 순수하게 일하신답니다."

　그 말을 듣고 알타반은 정신이 번쩍 들었고, 잠이 완전히 달아났다.

　"뭐라구요?"

　알타반이 되물었다.

　"거지도 자신을 돕는 사람에게 뭔가 보상을 할 수 있다는 말이군요?"

"물론이지요."

그녀가 침착하게 대답했다.

"자신이 가진 모든 것을 다 바쳐서 그렇게 할 수 있답니다."

이에 알타반은 무뚝뚝하게 다시 반문했다.

"그런데 말이죠, 그가 바칠 만한 '모든 것'을 소유하고 있다면, 그는 구걸할 필요가 없는 게 아닐까요?

그가 구걸을 한다는 것은 아무 것도 가지고 있지 않다는 사실을 증명하는 게 아닌가요?"

구석에 앉아 있던 여인은 잠시 아무런 대꾸도 하지 않았다.

알타반은 자신이 이 늙은 여인의 유치한 논리를 꺾었다고 생각했다.

'무슨 말도 안 되는 억지란 말인가!'

그런데 잠시 침묵하던 여인이 이윽고 입을 열었다.

"아, 당신은 나의 말이 무슨 의미인지 이해하지 못하고 있군요.

내가 보니 당신은 나보다 나이가 많으면 많았지 더 어리지는 않은 것 같은데……

물론 거지가, 받은 것과 똑같은 것을 베푼 사람에게 줄 수는 없겠지요.

하지만 아마도 그들에게 돈보다 더 소중할 수도

있는 어떤 다른 것을 줄 수 있을 거예요.

 따듯한 눈길이라든지 감사의 뜻을 전하는 한 마디 부드러운 말이라든지 뭐 그런 것들 말이지요.

 그리고 그 외에도 다른 무언가를 줄 수 있을 겁니다.

 그로 인하여 기부자의 마음에 기쁨과 만족을 주고 어쩌면 자기 인생의 의미를 일깨울 수 있을지도 모르지요.

 자신감을 북돋아 줄 수도 있고,

 흔들리는 양심을 가라앉혀 줄 수 있을지도 모를 일이지요.

 아무튼 이런저런 제법 많은 것을 줄 수 있다고

생각해요."

"제법 많은 것이라!"

알타반은 어둠 속에서 조금 어처구니없다는 듯이 웃으며 고개를 살짝 저었다.

"나는 말이지요."

다시 그 여인의 목소리가 어둠 속에서 분명하게 들려왔다.

"언젠가 한번 내가 가지고 있던 모든 것을 내어 준 적이 있답니다.

물론 그때는 내가 아직 젊었을 때였지요!"

알타반은 그 말을 듣자 즉시 떠오르는 생각이

있었다.

'이 여인은 젊었을 때 동냥을 얻으려고 자기 몸까지 준 적이 있나 보다.'

그렇지만 그것에 대해 물어볼 수는 없는 노릇이었다. 그녀는 잠시 아무 말도 하지 않더니 곧 이렇게 말했다.

"당신이 무슨 생각을 하는지 짐작할 수 있을 것 같군요."

그녀의 모습은 어둠에 싸여 잘 보이지 않았지만 목소리는 낭랑하게 생기가 있었다.

"내가 동냥을 얻으려고 남자에게 몸을 팔았다고 생각하는가 본데, 그런 뜻이 아니랍니다.

물론 나는 남자들을 만나기도 했고,

아이를 낳은 적도 있었지만,

그러나 돈이나 호의를 얻으려고 그랬던 적은 없었지요.

여기서, 나는 그런 변명 따위를 하려는 것이 아닙니다.

어리석음은 어리석음이고, 죄는 죄이며, 사랑은 그 둘을 합리화하려는 핑계일 뿐이죠.

아니, 사실 나는 훨씬 더 귀한 것을 내어 준 것이라오.

그런데 말이죠.

지금 당신이 믿어야 할 것은, 내가 아직도 여전히 고귀하고 소중한 선물을 되돌려받고 있다는 사실입니다."

짧지 않은 시간 동안 그들 사이에는 침묵이 흘렀다. 호기심 어린 눈초리로 알타반은 그녀가 앉아 있다고 짐작이 가는 쪽 어둠 속을 응시하고 있었다.

"30년 전쯤, 나는 단 한 번 내 마음의 전부를 내어 준 적이 있었지요."

다시 그녀의 목소리가 들려 왔다.

그 목소리는 '단 한 번'이라는 단어를 발음할 때 분명히 이전보다 더 떨리고 있었다.

"나에게 누구도 하기 어려운 자비를 베풀고 선

을 행했던 한 사람에게,

 참으로 선하고 자비로 가득찬 그 한 사람에게 내 마음을 모두 주었답니다.

 당시에 나는 젊었고 아무 것도 알지 못한 채 너무나 큰 절망에 빠져 있었지요.

 그때에 나는 그에게 말했습니다.

 '나는 당신을 내 마음의 왕으로 모실 것입니다.'

 그렇지만 그가 나의 말을 있는 그대로 믿었는지는 모르겠네요.

 누군들 천한 여자 거지 따위의 말을 그대로 믿겠어요!

더욱이 나는, 그 사람이 내 마음을 받으려고 했는지조차 전혀 알 수 없는 상황이었지만,

그러나 나는 내 마음을 그에게 주었습니다.

비록 그가 그 순간 바로 말을 달려 현장을 떠났을지라도, 이후 나는 내 마음을 결코 다시 거두어들이지 않았구요.

그렇게 한다면 마치 죄를 짓는 것으로 생각되어서, 혹시 실수로라도 그리고 의도적으로는 절대로 마음을 바꾸지 않았답니다.

그 후, 정말 그 후부터 나는 참으로 행복했던 것 같아요.

그가 참으로 선하고 자비로운 사람이라는 느낌만으로도,

그리고 그가 내 마음을 소유하고 있다는 생각만으로도,

그 후부터 나는 매일매일 행복을 누렸습니다.

나는 30년 동안 마음의 큰 기쁨을 가지고, 그를 향한 나의 신의를 굳건히 지켰습니다.

그렇게 모든 것을 다 주었지만……

내가 잃은 것은 아무 것도 없었거든요."

순간 여인의 목소리가 꺼지는 촛불처럼 작아졌다. 그녀는 매우 피곤함을 느끼는 것 같았다. 알타반은 그녀의 하품 소리를 들은 것 같기도 했다.

"맞습니다!"

알타반은 그녀의 말에 동의하지 않을 수 없었다. 그는 마음 속 저 깊은 데서 치밀어오르는 어떤 격정을 절제하려고 애쓰면서 조금 큰 목소리로 말했다.

"아무 것도 잃은 것이 없다는 당신의 말이 옳습니다!

단지 누구도 그것을 모른다는 거죠.

그것이 어디에 있는지,

아마도, 어쩌면 벌써 가까이 다가와 있는지,

또는 얼마나 빨리, 얼마나 늦게 찾아올지 말입니다."

그녀가 반론을 하지 않은 채 그냥 가만히 있자

알타반은 내심 흐뭇한 마음이 들었다. 그리고 그 작은 처마 아래에서 일어났던 옛 일을 기꺼이 머리에 떠올릴 수 있었다. 초라한 헛간 처마 아래에서 아직 젊은 그녀를 처음 보았을 때, 그녀는 핏덩어리 아이를 방금 출산했었고, 자신은 그것을 그냥 두고 볼 수 없어서 예물로 준비했던 고급 아마포를 잘라서 갓난아이의 배내옷을 만들어 주었었다. 벌써 30년 전에 있었던 일이었다.

이제 그녀는 늙었고, 알타반 역시 그만큼 늙고 노쇠해졌다. 길고 긴 세월 동안 그들은 각자의 먼 길을 걸어야만 했다. 그런데 지금, 서로의 길에 대해서는 전혀 알지 못한 채, 이렇게 같은 장소에서 조우하는 교차로에 들어서게 된 것이다.

알타반은 요 며칠 동안 자신의 그림자처럼 느껴졌던 사람이 바로 그녀라고 생각했다. 무언가를 잃어버린 것처럼 허전한 마음이었지만 알고 보니 자신이 이미 가지고 있었다는 것이 확실해졌다. 그뿐 아니라, 자신이 전혀 깨닫지 못하고 있었다 해도 사실은 지금까지 30년 동안 그는 아주 고귀한 것을 소유하고 있었던 것이다. 그것은 바로 그 당시 그녀가 그 초라한 헛간에서 그에게 맹세하며 바친 마음의 왕국이었다. 모든 시대와 장소를 통틀어 가장 위대하신 만왕의 왕 앞에서 그는 부족한 한 신하에 지나지 않을지 몰라도, 그녀가 바친 그 마음의 왕국에서는 그 자신이 왕이었다.

알타반은 자꾸만 흘러내리는 눈물을 닦지도 않은 채 밤하늘의 반짝이는 별들을 올려다보았다. 그 순간 그의 마음은 그녀와 함께하고 있었다. 그녀는 자신을 알아보지 못한 것은 분명했다. 하지만 그녀가 그에게 자신을 알아볼 만한 무언가를 드러내지 않았다면, 알타반 역시 그녀를 알아보지 못했을 터이다.

그렇지만 지금 이 순간 그의 마음 속은, 그녀가 넘치는 기쁨을 가지고 매일매일 그에게 신의를 지켰다는 고백으로 가득 차 있었다. 비록 왕관이 없고 다스리는 나라가 없었다 해도, 사실상 그의 생은 말할 수 없을 정도로 부유했던 것이 아닌가! 알타반의 생각은 하늘을 덮은 우윳빛 베일의 은하수까지 끝없이 이어지고 있었다.

　피곤이 몰려오면서 잠시 잠이 들었던 것 같았다. 가까운 데서 들려오는 시끄러운 소음에 놀라 그가 눈을 떴을 때, 그 여인 역시 일어나 있었다. 그런데 그 소음은 단순한 소음을 넘어서 그 이상의 무언가를 암시하는 듯했다. 마치 큰 소라 껍질 속을 지나는 동안 소리가 몇 배로 확장되는 것처럼, 소음은 그들이 머물고 있는 바위 틈새에도 울려퍼지고 있었다.

　"내 참, 큰 도시들은 말이지!"

그녀가 짜증스럽게 중얼거리는 소리가 들렸다.

"항상 이런 소음으로 가득하다니까! 지금 이 밤중에 도대체 떠들 일이 뭐가 있다고 이러는지 모르겠네!"

알타반은 조금 긴장한 채로 그곳에 앉아 있었다. 그러면서 언제든지 그 자리를 떠나 이동할 준비를 하고 있었다. 그러나 그 소음은 그들이 머물고 있는 이 정원에까지 영향을 미치지는 않을 것 같았다. 그는 흥분한 여러 사람들의 음성과 딸그락거리며 아마도 무기들끼리 부딪치는 듯한 소리를 들었다. 물론 그는 이 모든 것이 어떤 상황을 의미하는지 알지 못했다. 야경꾼들이 누군가를 찾고 있었다.

다행히도 그런 복잡한 일이 여기 그들의 정원에까지는 밀려오지 않아서 알타반은 마음을 놓았다.

방관자에 불과한 그로서는 점차 회복되는 고요를 누릴 수 있는 것으로 충분했다. 그는 미풍에 흔들리는 나뭇잎들의 소리를 들을 수 있었고, 가까운 어딘가에서 이슬방울이 떨어지는 소리도 들었다. 미세한 자연의 소리들로 인하여 밤의 적막은 오히려 더 적막해졌고, 그 깊은 적막에 그는 다시 한번 잠들 수 있었다.

날이 밝아 오고 알타반이 잠에서 깨었을 때, 그의 곁에는 아무도 없었다. 그가 잠들어 있을 때 그녀는 그를 떠났던 것이다. 그녀가 어떻게 떠났는지 그는 전혀 알지 못했다. 언젠가 젊었을 때에 크바스와 절인 오이를 먹고 마시는 꿈을 꾸며 잠에 빠져들었던 것처럼 그렇게 깊이 잠들어 있었던 것인지, 아니면 그녀의 떠나는 발걸음 소리를 밤이면 으레 들리는 소음 정도로 여겼는지도 모를 일이었다.

어쨌든 이제 그녀는 그를 떠났고, 알타반은 그녀와의 만남을 다시 기대해야만 했다. 그는 다시는 그녀를 볼 수 없을 것만 같았다. 큰 도시에는 너무나 많은 사람들이 있고 그 중에는 여자 걸인들도 많이 섞여 있지만, 그들 가운데 한 사람을 찾는다는 것은 쉬운 일이 아니었다. 그런데, 무엇보다도, 왜 그는 다시 그녀를 만나야만 하는가? 그는 이미 그녀가 고백한 그 모든 것을 이해하지 않았던가? 오늘도 '마음의 환호와 함께 굳게 지켰던' 그녀의 알타반을 향한 신의의 선물을 받지 않았던가!

알타반의 노쇠한 심장은, 오늘이 매우 무덥고 습한 날씨가 될 것을 예견했다. 우거진 숲과 덤불들 그리고 정원의 큰 바위 아래 습한 공기가 그의 쇠약해진 가슴을 짓누르고 있었다.

그의 호흡 소리가 약간 거칠어졌다. 여기에서 내려다보이는 맞은편 거리는 짙은 안개가 돔과 지붕들을 휘감고 있어서 윤곽이 흐릿해 보였다. 알타반은 눈의 초점을 맞추기가 쉽지 않아서 약간의 구역질과 함께 현기증을 느꼈다. 그는 지금 당장 이곳을 떠나는 것이 쉬운 일이 아님을 깨달았다. 그래서 이 성읍에 머무는 동안에는 여기 이곳에서 지내기로 마음먹었다.

알타반이 큰길로 연결되는 오솔길을 따라 천천히 언덕에서 내려왔을 때는 벌써 정오가 다 된 시간이었다. 어제도 성문으로 향하는 이 길을 걸었었지만, 오늘 이 거리에서 일어나는 혼잡은 어제보다 오히려 심한 듯했다.

일몰과 함께 큰 축제가 시작되면 (이 축제는 일종의 종교적인 제의를 포함하고 있었으므로) 먼저 모든 신자들은 고요와 침묵을 지켜야만 한다고 들었지만, 그러나 뒤늦게 참여하려는 사람들이 몰려들면서 성문 앞은 거의 아수라장이 되어 버렸다.

뿐만 아니라 신전에서 제물로 바쳐질 양들까지 성문을 통과해야만 했기 때문에 혼잡은 극에 달했고, 양 떼가 지나갈 때는 마치 양털로 짠 거대한 양탄자가 움직이는 것처럼 보였다.

알타반은 큰길로 들어서자마자 거대한 군중들에 의해 이리저리 밀리면서 어느새 성벽 뒤쪽으로 빨려들어갔다. 그는 자신의 의지대로는 한 걸음도 앞으로 나아갈 수 없었다. 그러다가 성문 기둥을 받치는 머릿돌에 걸려 넘어질 뻔했는데, 마지막 순간에 옆에 있던 당나귀의 꼬리를 붙잡지 못했더라면 뒤따라오는 사람들에게 밟혀 죽었을지도 몰랐다. 그때 알타반은 자신을 그토록 편안하게 등에 태우고 다녔던 죽은 애마 바니카를 불현듯 떠올렸다. 오, 그리운 내 친구여!

간신히 그는 성문 바로 뒤쪽으로 피신할 수 있었다. 그 순간에는 지나간 일이든지 닥쳐올 일이든지 아무것도 생각할 겨를이 없었다. 늙고 지친 그의 머리는 현재 일어나는 일들을 제대로 파악하지 못했다. 그의 눈은 그가 본 많은 것들 중에서 단지 특별한 것만을 분간했고, 그의 귀는 반복적으로 들리는 군중들의 소음 중 개별적인 다양성만을 알아들을 수 있었다. 그럼에도 그는 알게 되었다. 확실히, 군중들의 외침은 어떤 한 왕을 향한 것이었다.

그러나 알타반은 여전히 지금이 어떤 상황인지 제대로 이해하지 못한 채 오리무중 속을 헤매고 있었다. 과연 어떤 왕에게 무슨 일이 일어나고 있는 것일까? 골목과 큰길을 꽉 채우고 있는 이 군중들이 과연 어떤 한 왕을 경배하기 위해 몰려들고 있는 것인지, 아니면 그를 대적하여 반란을 도모하고 있는 것인지, 잘 알 수가 없었다.

한동안 알타반은 한가롭게, 넘치는 사람들의 물

결에 휩쓸려 다른 모든 사람과 함께 시내 곳곳을 돌아다녀야만 했다. 그러다 보니, 기진맥진한 피로감이 몰려왔다. 그는 재빨리 성문 안쪽 길로 피신하듯이 들어섰다.

알타반은 겨우 성벽에 몸을 기대고 서서 피곤한 눈을 감았다. 지금까지 그는 자기 자신을 이토록 약골이라고 느껴 본 적이 없었다. 골목길 위로 향하는 군중들의 아우성이 그에게는 그저 시끌벅적한 소음으로 들렸다. 알타반은 더이상 군중들을 보고 싶지 않았다. 그들이 점점 더 악의 무리로 보였기 때문이었다.

'틀림없이 폭동이 일어난 거야!'

그는 생각했다.

'비록 군중들의 행동에서 나타나는 기쁨과, 그리

고 증오가, 일반적으로는 구별할 수 없을 만큼 서로 비슷한 데가 많기는 하지만……!

그렇다면 그는 도대체 어떤 왕이라는 말인가?'

불현듯 이런 생각이 찾아왔을 때, 그는 호흡이 중단되는 것 같았고, 심장의 박동이 멈추는 것 같았다. 정신이 어질어질 몽롱해지기까지 했다. 그때 들려오는 소리가 있었다.

"그들은 가장 위대하신 분을 만났으면서도,

그분을 가장 보잘것없는 존재로 만들려고 하는구나!"

그 목소리는 그의 귀에 매우 익숙한 것이었다.

알타반이 눈을 떴을 때, 잠시 동안 그는 몽롱함

속에서 그 목소리의 주인을 찾기 위해 주위를 두리번거려야 했다. 알고 보니, 목소리의 주인은 다름 아닌 늙은 거지 여인이었다. 그녀를 발견한 곳은 지금 알타반이 자리잡고 있는 곳 바로 옆에 위치한 성문 뒤편 대피소였다. 그녀 역시 그곳으로 피신을 한 것이었다.

알타반은 그녀를 주시했다.

그녀를 향해 간단한 몇 마디 말을 하기까지, 그는 몇 번이고 단어를 입에 올리려고 다시 시도해야만 했다.

"당신이 말한 것이 무슨 뜻이죠?

당신은 누구에 대해 말하는 것이오?"

그러자 그녀는 어처구니없다는 미소를 지으며

알타반을 쳐다보았다.

"당신은 아무것도 모르는군요?

그러면서도,

지금 사마리아와 갈릴리의 모든 길을 걷고 있다는 말인가요!"

그는 말 없이 고개를 저었다.

그때 그의 심장은 찢어질 듯 아프게 뛰기 시작했다.

"지금 그들은 자신들이 믿는 성경과 선지자들이 예언한 하나님의 아들을 만난 거라고 하는군요.

그분은 바로 다름 아닌 하나님의 아들이라고 합

니다.

 그는 무수히 많은 병자들을 고쳐 주었고, 심지어 이미 죽은 사람을 다시 살려 낸 적도 있다고 합니다.

 그런데 그들은 지금 이방인들을 향하여, 그분을 십자가에 못 박으라고 강요하며 아우성치고 있는 거지요."

 "어떻게? ……

 어떻게 당신은 그런 사실들을 다 알고 있다는 말이오?"

 알타반이 물었다.

 그 순간 그는 이미 성문에서 몇 걸음 앞으로 걸

음을 내딛고 있었다.

여인은 너그러운 태도로 그러나 조금 무시하는 듯한 눈으로 그를 쳐다보았다.

"우리는 단순히 동냥만을 받고 있는 게 아니랍니다."

여인이 말했다.

"동냥을 받으면서 또한 무언가 얻어 듣는 것이 많지요."

그 말을 들으면서 알타반은 한 대 얻어맞은 것처럼 정신이 약간 멍해졌다.

"그분은 하나님의 아들이라고 해요.

그들의 성경과 선지자들이 선포한 바로 그 왕이라고 하는데,

그래서 그는 ……"

"말해 주시오.

도대체 그 왕은 나이가 얼마나 된답디까?"

그가 다소 고압적인 어조로 마치 다그치듯이 그녀에게 물었다.

"그 사람 말이에요?"

여인이 조금 가라앉은 듯한 태도로 냉정하게 되물었다.

"사람들이 말하는 걸 들어 보면 30세는 넘은 것

같다고……"

"30세라고요?

지금 서른 살이라고, 당신이 말한 거지요?"

작은 왕은 조급하게 숨을 헐떡이면서 물었다. 세상에!!

여인이 그렇다고 고개를 끄덕였다. 그런데 끄덕이는 여인의 머리가 알타반의 눈 앞에서 금방 멈추려 하는 시계추처럼 점점 더 느려지는 듯이 보였다. 그는 그 현상이 자신의 내부에서 일어나는 것인지, 아니면 그저 뭔가를 잘못 본 것인지 알 수 없었다.

"삼십! 삼십!"

그는 혼자 중얼거렸다. 마치 온 세상과 그의 전 생애의 가장 큰 수수께끼가 거기 숨어 있다는 것처럼.

"서른이라!"

그가 점점 목소리를 높이며, 고개를 들어 여인을 바라보았다.

"으음,

그러니까 ……

바로 그때가 ……"

알타반은 그 순간 분별을 잃고, 밝히지 않으려 했던 모든 이야기를 결국 입 밖에 꺼내고 말았다.

"당신이 그 처마 아래서 아기를 낳았을 때가,

내가 당신의 아기를 위해 아마포 배내옷을 만들어 주었던 바로 그때란 말이군요."

이가 다 빠져 버린 입을 반쯤 벌리고 찢어질 듯 눈을 크게 뜬 여인이 그를 쳐다보았다. 그러기 전에 이미 앙상한 나뭇가지같은 여인의 늙은 손이 부들부들 떨리기 시작했지만, 아무 말도 입 밖에 내지는 못했다.

그런데 이제 아주 분명한 것은, 그녀가 그를 알아보았다는 사실이었다!

"내가, 가져가겠소. 당신의 마음을 받아……, 소유하겠소.

당신의 고백을 간직하겠소.

완전히, 그리고 영원히!"

알타반은 말을 더듬거리며, 뒤이어 밀려오는 군중들과 섞여서 서둘러 성내로 발걸음을 재촉했다. 걸음을 내딛기 전에 그저 한번 주위를 쓱 둘러보았다. 그때 알타반은 그 여인이 자기 자리에 가만히 웅크린 채, 고개를 푹 숙이고, 손바닥으로 바닥을 짚은 채 주저앉아 있는 것을 보았다. 그 여인은 굳은 석상처럼 움직이지 않고 앉아 있었다. 아마도 자신의 기구한 운명에 대해 곰곰이 생각하는 것 같았다.

이어서 여인은 굳어진 상태로 가만히 있다가 갑자기 앞으로 고꾸라져서,

속절없이 큰 돌에 이마를 부딪치고 말았지만,

알타반은 이미 시선을 돌렸으므로 그것을 미처

보지 못했다.

바로 그 순간,

알타반은 가장 위대하신 왕을 향한 자신의 모든 생각에 마음을 빼앗겼기 때문에, 다시 몸을 군중들이 몰려가는 쪽으로 돌이켰던 것이다.

… 골목길 위로, 아래로, 거리와 광장을 지나 알지도 못하는 여러 곳을 찾아다니면서, 그는 너무 늦었다고, 너무 늦었다고 생각했다. 여전히 곳곳에 군중들의 거대한 격앙의 격랑이 남아 있었다. 그렇지만 뭔가 특별한 사건의 흔적이 현재에는 더 이상 존재하지 않았다. 그것은 이미 지나간 일이었다. 그러면 도대체 어디로 갔다는 말일까? 알타반은 이 도시에 대하여 사실 아는 것이 별로 없었다. 도시 곳곳에서 일어났던 그 혼잡과 흥분에 대하여 그는 다만 어리둥절했을 뿐, 방향조차 종잡을 수 없었다. 그가 어느 쪽으로 가든 아마 전혀 차이가 없었을 것이다.

"그분을……!

어디로?

도대체 어디로 그분을 데려갔다는 말인가?"

그는 숨을 헐떡이며 가까이 있던 이띤 사람에게 물었다.

알타반은 사람들이 그분을 어디로 끌고 갔는지 알고 싶었다. 사람을 당황스럽게 하며 실성한 듯 다그치는 이 이방인에게 누군가가, 많은 사람들이 몰려갔던 방향을 손가락으로 가리켰다. 그러자 알타반은 그 방향으로 주저 없이 걸음을 내디뎠다.

알타반이 외곽 쪽으로 멀리 가면 갈수록, 이곳이 그에게 매우 익숙한 것 같다는 느낌이 들었다. 자신이 바로 그 사건의 현장에 있음이 분명했다.

그토록 찾아 헤매던 그곳, 그 위대한 사람을 제대로 찾아가고 있다는 확신이 들었다. 파도가 지나간 다음에 물거품이 남듯이, 바로 얼마 전에 특별한 어떤 사건을 직접 목격한 사람들이 여전히 그 자리에 남아서 현장을 떠나지 못한 채 주변을 서성거리고 있었다.

알타반은 한참 동안 고개를 들지 않았다.

그에게는 더이상 다른 정보가 필요하지 않았다.

제대로 가고 있다고 그는 확신했다.

그에게 필요한 것은 그저 걸음을 서두르는 것뿐이었다.

한번은 여자들이 어떤 집으로 숨어들며 눈물을 흘리는 것을, 또 한번은 당황스러움 때문에 낯빛이 재를 뒤집어쓴 것처럼 변한 남자들을 보았지만, 그는 가던 걸음을 멈추지 않았다. 아직도 이리저리 몰려다니는 엄청난 인파 속에서 그는 할 수 있는 대로 최대한 서둘러 걸음을 재촉했다. 알타반은 놀라움에 입을 다물지 못하는 사람들과 할 일 없이 무작정 휩쓸려 다니는 사람들을 헤치며 앞으로 나아갔다.

"그 왕은!"

"가장 위대하신 그 왕은!"

"그분이야말로 성경과 선지자들이 예언하던 그 사람이 아닌가!"

그런데 그의 백성들이 그를 대적하다니, 알타반은 머리가 혼란스러웠다.

'한 별이 그분의 오심을 미리 알려 주었고,

30년쯤 전에,

당시 동방박사 세 사람이 그분을 경배하러 가는 것을 보았고,

그리고 자신 역시 저 멀리 고향 땅으로부터 그분을 경배하러 길을 떠나지 않았던가!

그런데, 그런데 어떻게 이런 일이 가능하다는 말인가?

어떻게?

그런 일이 가능했었다는 말인가?'

알타반이 이해할 수 있는 것은 정말 아무 것도

없었다.

 더이상 민가가 보이지 않는 황량한 들판이 시작되자, 알타반은 완만한 경사를 따라 낮은 언덕으로 계속 올라갔다. 가면 갈수록 사람들이 점점 줄어들더니 마침내 주변에는 아무도 보이지 않았다. 주변을 돌아보니 많은 사람들이 낮은 언덕 아래쪽 큰길가에 모여 있었다. 그곳은 도시가 끝나는 지점으로 도살장이 있는 곳이며, 동물들의 가죽을 벗기는 장소로 사용되고 있었다. 그들은 그곳에 모여 서서 위쪽 방향으로 무언가를 뚫어지게 쳐다보고 있었다.

 그들이 바라보는 위쪽 그곳에는 몇몇 군인들이 세 개의 거대한 십자가를 똑바로 세우려 애를 쓰고 있었는데, 그 십자가마다 각각 사형 선고를 받은 세 사람의 죄수가 매달려 있었다.

아니 저 위에!

세상의 어느 곳도 아닌 바로 저 십자가 위에……

알타반 자신이 그토록 찾았던 그 빛나는 별의 주인, 저 위대한 왕이 매달려 있었다.

그는 너무나 놀라서 주춤하며 어떻게 해야 할지 몰라 잠시 망설였다.

실제로 알타반은 쇠약해질 대로 쇠약해진 몸으로 큰 충격을 받아서 한동안은 옴짝달싹할 수 없었다.

그렇지만 그는 바로 마음을 다잡은 다음 허리를 구부리고 숨을 헐떡거리며 비탈길을 올라갔다.

휘청거리는 그의 다리가 비틀거리는 그의 몸을 어떻게 지탱했는지 그 자신도 잘 알 수가 없었다.

이것이, 이것이 마지막 걸음일지도 모른다고 알타반은 생각했다.

30여 년 전에 그는 그 첫걸음을 내디뎠었다.

그 후 30년 동안 그의 모든 걸음은 오직 한 가지 목표를 향하고 있었다.

내가 너무 늦게 온 것인가?

지금 또 다시 너무 늦은 것은 아닐까?

네 번째 동방박사 알타반!

러시아 남부 지역에서 온 작은 땅의 주인은 고

개를 들어 세 개의 십자가를 올려다보았다.

 셋 중 가운데 매달린 사람이 멀리서부터 알타반의 온 시선을 끌어당기고 있었다.

 알타반은 엎어지며 자빠지며 앞으로 나아갔다. 썩어 가는 해골에 걸려 넘어지고 거의 하얗게 변해 버린 시신의 뼈들 사이로 발이 빠져들어도, 개의치 않았고 깨닫지도 못했다.

 이마에서 흘러내리는 땀이 비 오듯 목덜미를 적셨지만, 그는 땀을 닦아 내지 않았다. 아니 그럴 겨를이 없었다.

 그러다가 단 한 번 갑자기 걸음을 멈추어야 했는데, 오른손이 급히 심장이 자리한 왼편 가슴을 움켜쥐면서 그랬다.

아주 섬뜩하게 느껴지는 날카로운 무언가로부터 심장이 찔린 것 같았다.

그의 얼굴은 잿빛으로 변했고,

태양은 뜨거운 열기로 타올랐고,

그의 입술은 파리하게 새파래졌는데,

그 빛은 마치 그가 여행길에서 아무 대가 없이 종종 맛보았던 밭두렁에 열린 설익은 푸른 열매의 빛을 닮았다.

하지만 비록 걸음이 느려지기는 했지만, 알타반은 멈추지 않고 계속 걸음을 앞으로 내디뎠다.

한 걸음 또 한 걸음, 느리게 점점 느리게.

가운데 세워진 그 십자가를 향하여, 자신의 시선을 더이상 놓치지 않으려는 듯 그는 이제 고개를 꼿꼿이 세운 채 발걸음을 옮기고 있었다.

아주 천천히, 십자가에 가까워질수록 더 자주 걸음을 멈추어야 했지만,

30여 년 전에 하늘로부터 오시는 고귀한 존재의 탄생을 경배하기 위해 길을 나섰지만, 30년을 헤매면서도 결코 만나 볼 수 없었던 바로 그 지극한 분을,

보좌에 앉아 있는 그분을,

자신의 왕을,

모든 시대와 모든 장소를 막론하고 가장 위대하신 왕을 알타반은 더욱 확실히 그리고 더욱 마음

깊이 만나 보고 싶었다.

 알타반은 가운데 십자가에 매달려 있는 분이 그분임을 확실하게 알았다.

 그는 그것을 알았지만, 어떻게 알게 되었는지는 알 수 없었다,

 알타반은 십자가 고통 가운데 있는 그분이 단 한 번이라도 자신을 바라봐 주신다면 그것으로 충분했는데,

 그분은 이미 영원 전부터 그리고 영원 후까지 이 모든 것을 다 알고 계셨기 때문이다.

 그러나 그를 응시하고, 그의 응시를 받는다는 것은,

그것은 알타반의 가슴에 너무도 벅찬 일이 아닐 수 없었다.

짧은 순간이지만 알타반은 행복 가득한 온전한 평안을 누렸지만,

그러는 동안 알타반의 심장 박동이 점점 느려지는 것 같았다.

그의 자세가 앞으로 가라앉고 있었다.

알타반은 찌르는 듯한 어떤 고통을 느꼈는데, 쇠갈퀴가 온 가슴을 꿰어 끌어당기는 듯한 그런 고통이었다.

'나는 당신에게 드릴 아무 것도 가지고 있지 않습니다.

나에게는 아무 것도 없습니다!'

알타반은 그 사실이 부끄러웠고, 그 사실 앞에서 너무도 마음이 괴로웠다.

황금, 보석들, 아마포, 모피들, 그리고 어머니가 고국에서 항아리에 손수 담아 주신 그 보리수꽃의 꿀마저도 모두 어딘가로 가 버리고……, 이런, 그것들을 다 써 버렸다니!

"주여, 나를 용서하소서!"

그러나 저의 고향 땅에는……"

눈앞이 캄캄해지는 순간, 거지 여인이 말했던 그 '마음'이 생각났다.

그녀는 알타반을 '마음의 왕국'의 '왕'으로 삼지

않았던가.

바로 그 '마음'이 떠오른 것이다.

그 순간 그는 또한 자신의 '마음'을 생각했다.

그 '마음'이야말로 그가 아직 유일하게 선물할 수 있는 것이었다.

썩어져 냄새 나는 해골들 사이에는 융단처럼 야생 백리향이 가득 자라고 있었다.

오후가 지나면서 백리향의 향기가 더욱 강하게 진동하고 있었다.

알타반의 입술이 자기도 모르게 중얼거리고 있었다.

"하지만 주여, 내 마음을, 나의 마음을……!

그 여인의 마음을……

우리의 마음들을……

주여, 당신은 이 마음들을 받으시겠습니까?

주님을 찾아 헤맨 그 30여 년의 길이 바로 주님께서 가신 길이었음을!!"

저자 소개

1. 생 애

  에드자르트 샤퍼 Edzard Schaper는 군무원인 아버지의 11번째 자녀로서, 폴란드의 독일어권 도시 포젠(Posen)에서 1908년 9월 30일 태어나 1984년 1월 29일 스위스 베른(Bern)에서 76세에 사망했다. 그는 주로 기독교의 핍박을 다루는 상당수의 작품을 남긴 바 있다. 1922년 아버지를 따라 온 가족이 독일 하노버로 이주했고, 그곳에서 훔볼트 학교와 음학원(Konservatorium)을 다니며 피아노를 배웠다. 하지만 가정 환경으로 인하여 학업을

중단해야 했고, 생계를 해결하기 위해 슈투트가르트 오페라단의 조감독으로 일하기도 했다.

1927년부터 1929년까지 그는 덴마크에 있는 크리스천쇼 섬에 살았는데, 이곳에서 그의 첫번째 작품을 썼다. 여러 곳을 떠돌아다녀야 했기 때문에 샤퍼는 매우 평범하지 않은 삶을 꾸려 나가지 않으면 안 되었다. 1930년부터 1931년 사이에는 보조 정원사로 일했고, 그 후에는 어선에서 선원으로 일한 적도 있었다. 1932년 베를린을 여행하던 중 독일 발트족 출신의 앨리스 페르겔바움이라는 여성을 만나 사귀게 되었는데, 그녀와 함께 에스토니아로 이주하여 거기서 가정을 이루었다. 그는 프리랜서로도 많은 활동을 했는데, 미국의 언론사 유나이티드 프레스에서 기자로 근무한 경력을 가지고 있다.

1936년 독일의 나치는 제국문인협회에서 그를

제명하였고, 그의 책은 금서가 되었다. 1940년 소련이 에스토니아를 점령하자 그는 체포를 피하기 위해 핀란드로 탈출했다. 그곳에서 핀란드 방첩대를 위해 일했는데, 그 일로 인하여 소련 당국으로부터 사형 선고를 받았다. 그는 독일 해외 특파원으로 활약했고, 주간지 '독일의 미래'와 '베를린 증권 신문', 독일어 홍보지 '카렐리엔-쿠리에' 등에 기고를 했다. 1941년 6월부터 핀란드와 소련 사이 소위 연속 전쟁을 취재하는 전쟁 특파원으로도 활동했다. 1943년에는 '핀란드 정부 정보국'(군 방첩대)에서 복무하기 위해 자원 입대했다.

1944년 9월 샤퍼는 핀란드 국적을 취득했다. 1944년 12월 22일에는 소련 간첩죄로 기소되어 독일 법정으로부터 사형 선고를 받았는데, 핀란드와 소련이 휴전한 직후 스웨덴으로 탈출했다. 여기서 산림 노동자, 번역가, 그리고 포로 구호 단체의 서기로 일했다. 1947년 스웨덴에서 스위스로 이주하여 시민권을 얻었고, 스위스 오버발리스 지역에 있는 뮌스터에 정착했다. 1951년에는 로마 가톨릭의 신자가 되었다. 세계 대전 후 샤퍼는 라디오와 TV에서 여러 번 강의를 했는데, 그때부터 두터운 독자층이 형성되기 시작했다.

샤퍼의 작품은 대부분 독일 인젤 출판사(Insel Verlag)에서 출판되었다.
'마지막 손님'(Der letzte Gast, 1927)
'산지기 패트릭 도일레의 고백들'(Die Bekenntnisse des Försters Patrik Doyle, 1928)
'죽어 가는 교회'(Die sterbende Kirche, 1936)
'사형 집행인'(Der Henker, 1940)

작가 샤퍼가 특별히 관심을 쏟은 주제는 인간이 처한 한계 상황으로, 개인의 그러한 경험을 통해 결국은 신과 인간의 문제라는 결론에 이르게 된다. 그는 일반적으로 신앙 고백과 교리에 얽매이지 않으려 하지만, 그런 신앙적 보편성에도 불구하고 '가톨릭 갱신 운동'(Renouveau Catholique)에 속한 가톨릭 신자로 여겨진다. 러시아 지역에서 내려오는 전승을 모티브로 한 이 소설 '네 번째 동방박사 알타반'(1961)은 '전승을 가지고 작품화한 몇 안 되는 20세기의 의미 있는 문학 작품 중 하나'로 평가받고 있다.

2. 수상과 명예

1953년 폰타네 상
1958년 동독 문학상
1962년 프릭스 국제 찰스 베일론 상
1962년 프라이부르크 대학교 명예 박사
1967년 고트프리드 켈러 상
1967년 훔볼트 협회 황금 메달
1969년 독일 문학 재단 콘라드 아데나워 상

1978년 시몬 다흐 메달
1979년 독일 연방 공로 십자 훈장

3. 소 설

Der letzte Gast. Bonz, Stuttgart, 1927.

Die Bekenntnisse des Försters Patrik Doyle, Bonz, Stuttgart, 1928.

Die Insel Tütarsaar. Insel, Leipzig, 1933.

Erde über dem Meer. Roman einer kämpfenden Jugend. Die Buchgemeinde, Berlin, 1934.

Die sterbende Kirche. Insel, Leipzig, 1935.

Der Henker. Insel, Leipzig, 1940; durchgesehene Neuausgabe: Artemis, Zürich, 1978.

Der letzte Advent. Atlantis, Freiburg, 1949.

Die Freiheit des Gefangenen. Hegner, Köln, 1950.

Die Macht der Ohnmächtigen. Hegner, Köln, 1952.

Der Gouverneur oder Der glückselige Schuldner. Hegner, Köln, 1954.

Die letzte Welt. Hegner, Köln, 1956.

Attentat auf den Mächtigen. Fischer, Frankfurt am Main, 1957.

Das Tier oder Die Geschichte eines Bären, der Oskar hieß, Fischer, Frankfurt am Main, 1958.

Der vierte König. Hegner, Köln 1961; Artemis, Zürich, 1977.

Daraus als Einzelausgabe: Die Legende vom vierten König. Mit Zeichnungen von Celestino Piatti. Hegner, Köln, 1961; Artemis & Winkler, Düsseldorf, 2008.

Der Aufruhr des Gerechten. Eine Chronik. Hegner, Köln, 1963.

Am Abend der Zeit. Hegner, Köln, 1970.

Taurische Spiele. Hegner, Köln, 1971.

Sperlingsschlacht. Hegner, Köln, 1972.

Degenhall. Artemis, Zürich, 1975.

Die Reise unter den Abendstern. Artemis, Zürich, 1976.

Die Arche, die Schiffbruch erlitt. Insel Verlag, Leipzig, 1935. (Insel-Bücherei 471/1)

Das Lied der Väter. Insel Verlag, Leipzig, 1937. (Insel-Bücherei 514/1)

Die Heiligen Drei Könige. Arche, Zürich, 1945.

Semjon, der ausging, das Licht zu holen. Eine Weihnachtserzählung aus dem alten Estland. Reinhardt, Basel, 1947.

Neuausgabe als: Stern über der Grenze. Hegner, Köln, 1950.

Der große offenbare Tag. Die Erzählung eines Freundes. Summa, Olten, 1949; Reclam, (UB 8018) Stuttgart ,1972.

Norwegische Reise. Arche, Zürich, 1951.

Das Christkind aus den großen Wäldern. Mit 10 Zeichnungen von Richard Seewald. Hegner, Köln, 1954; Artemis & Winkler, Zürich, 1998.

Nikodemus. Arche, Zürich, 1952.

Hinter den Linien. Erzählungen. Hegner, Köln, 1952.

Der Mantel der Barmherzigkeit. Hegner, Köln, 1953.

Um die neunte Stunde oder Nikodemus und Simon. Hegner, Köln, 1953.

Das Wiedersehen und Der gekreuzigte Diakon. Hegner, Köln, 1957.

Unschuld der Sünde. Fischer, Frankfurt am Main, 1957.

Die Eidgenossen des Sommers. Die Nachfahren Petri. Zwei Erzählungen. Hegner, Köln, 1958.

Die Geisterbahn. Hegner, Köln, 1959; als dtv-Taschenbuch, München, 1968.

Die Söhne Hiobs. Hegner, Köln, 1962.

Dragonergeschichte. Novelle. Hegner, Köln, 1963.

Schicksale und Abenteuer. Geschichten aus vielen Leben. Zehn neue Erzählungen. Hegner, Köln, 1968.

Schattengericht. Vier neue Erzählungen. Hegner, Köln, 1967.

Die Heimat der Verbannten. Hegner, Köln, 1968.

4. 수필과 대화

Der Mensch in der Zelle. Dichtung und Deutung des gefangenen Menschen. Hegner, Köln, 1951.

Vom Sinn des Alters. Eine Betrachtung. Arche, Zürich, 1952.

Untergang und Verwandlung. Betrachtungen und Reden. Arche, Zürich, 1952.

Erkundungen in gestern und morgen. Arche, Zürich, 1956.

Bürger in Zeit und Ewigkeit. Antworten. Marion von Schröder, Hamburg, 1956.

Der Abfall vom Menschen. Zwei Vorträge. Walter, Olten, 1961.

Verhüllte Altäre. Ansprachen. Hegner, Köln, 1962.

Flucht und Bleibe. Ein Wort an die geflüchteten und vertriebenen Deutschen. Hegner, Köln, 1965.

Einer trage des andern Last. Eine Elegie auf den letzten Gepäckträger. Arche, Zürich, 1965.

Wagnis der Gegenwart. Essays. Kreuz, Stuttgart, 1965.

Über die Redlichkeit. Essay. Hegner, Köln, 1967.

5. 전 기

'Das Leben Jesu'(예수의 생애). Insel, Leipzig, 1936.

'Die Weihnachtsgeschichte'(크리스마스 이야기). Arche, Zürich, 1950.

'Der Held'(영웅). 1958.

6. 연극과 드라마

'Der Gefangene der Botschaft'(복음에 사로잡힌 자). Drei Stücke (mit Strenger Abschied. und Die Kosaken oder wo ist dein Bruder Abel). Nachwort von Max Wehrli. Hegner, Köln, 1964.

'Das Feuer Christi'(그리스도의 불). 순교자 요한 후스의 삶과 순교를 17개의 장면으로 묘사하고 있다. Leben und Sterben des Johannes Hus in siebzehn dramatischen Szenen. Kreuz, Stuttgart, 1965. 이 작품의 새로운 버전으로는 2015년 뮌스터에서 출간한 'Wie durch Feuer'가 있다. Aschendorff, Münster, 2015.

7. 영 화

'잃어버린 이야기'. 오늘날 성탄절을 설명하는 데 따르는 어려움에 대한 영화. 1967년 스위스 TV DRS가 제작한 Gaudenz Meili와 작가 Eduard Stauble(작가)이 감독한 샤퍼의 영화다. 이 영화는 뮌스터에서 촬영되었고, 1967년과 1971년 크리스마스 시즌에 스위스 텔레비전 방송에서 흑백으로 방영되었다.

'Attentat auf den Mächtigen'(권력자를 향한 암살). Fischer, Frankfurt am Main, 1957이 1969년 감독 Herbert Ballmann에 의해 영화화되었다.

8. 전 집

Macht und Freiheit. Zwei Romane (Die Freiheit des Gefangenen - Die Macht der Ohnmächtigen). Hegner (Die Bücher der Neunzehn 82), Köln, 1961; Kerle, Freiburg, 1983.

Gesammelte Erzählungen. Hegner, Köln, 1965.

Geschichten aus vielen Leben. Sämtliche Erzählungen. Artemis, Zürich, 1977.

Aufstand und Ergebung. 3 Romane (Attentat

auf den Mächtigen - Die letzte Welt - Der Aufruhr des Gerechten). Hegner, Köln, 1973.

Grenzlinien. Eine Auswahl aus seinem Werk. Hrsg. von Matthias Wörther. Essay von Werner Ross. Artemis, Zürich, 1987.